W0074168

Wilhard Becker und Kristin Becker
Füreinander begabt

Das Kleid, das wir uns anzogen,
als wir heirateten, paßt nicht mehr.
Wir sind aus ihm herausgewachsen,
und der Zuschnitt des neuen
ist nicht auf Anhieb gelungen.
Es bedarf vieler Anproben,
vieler Mühen und Geduld.
Aber in dem Maß,
in dem das neue Kleid Gestalt gewinnt,
wächst auch unsere Freude daran.

Wilhard Becker und Kristin Becker

Füreinander begabt

Festhalten und Loslassen in der Ehe

Kreuz Verlag

© by Dieter Breitsohl AG
Literarische Agentur Zürich 1985
Alle deutschsprachigen Rechte beim Kreuz Verlag Stuttgart
3. Auflage (11.–14. Tausend) 1986
Kreuz Verlag Stuttgart 1985
Umschlaggestaltung: HF Ottmann
Gesamtherstellung: Wilhelm Röck, Weinsberg
ISBN 3 7831 0799 7

Inhalt

Vorwort

Nach gut dreißig Jahren Ehe ziehen wir Bilanz und finden uns nicht am Ziel einer gemeinsamen Wegstrecke, sondern immer noch unterwegs – nüchterner und erwachsener geworden; bereit, uns neu zu sehen; bereit, unsere Verschiedenheit und Gegensätzlichkeit als Herausforderung zu betrachten, den Wert unserer Zweisamkeit und das Recht des einzelnen auf sich selbst neu einzuschätzen und unsere Vorstellungen von Moral und Sitte nicht vom Buchstaben, sondern vom Geist her zu ordnen.

Eingebunden in die Entwicklung unserer Zeit, die gleichsam eine Schwelle bildet zwischen einem alten und einem neuen Eheverständnis, versuchen wir, uns selbst und die Menschen um uns ernst zu nehmen – nicht nur unsere Freunde, sondern auch unsere Eltern, von denen wir ausgegangen sind und mit deren Wertmaßstäben wir uns auseinandersetzen mußten, und ebenso unsere Kinder, die nicht bei dem stehengeblieben sind, was sie an uns sahen, sondern die ihre eigenen Formen finden.

Diese Aufzeichnungen sollen eine praktische Hilfe sein für diejenigen, die um eine Ehe ringen, welche ihnen erlaubt, ehrlich sich selbst gegenüber zu sein, und die ihnen Wachstum und Entfaltung der eigenen Person ermöglicht.

Wir sprechen von unserer Arbeit, die Ehe so zu gestalten, daß sie uns sinnvoll und lebenswert erscheint und eine Basis bietet, von der aus wir es wagen können, neue Einsichten und Gegebenheiten in unser gemeinsames Leben zu integrieren.

Die Vorlage für dieses Buch war ein Manuskript von Wilhard Becker über die Ehe. In der Zusammenarbeit mit dem Lektorat wurde deutlich, daß es zwar viele

Sachbücher über die Ehe gibt, aber wenig Erfahrungsberichte aus der Sicht beider Ehepartner in ihrer persönlichen Betroffenheit. So ist vor allem im ersten Teil dieses Buches noch die typische Rollenverteilung erkennbar: »er« sachlich – »sie« persönlich. Wir haben nachträglich versucht, dies auszugleichen und damit in der Gestaltung des Buches auch unsere innere Entwicklung zu verdeutlichen.

Zur besseren Übersicht wurden die Beiträge von Wilhard Becker in Normalschrift und die von Kristin Becker kursiv gedruckt.

Die Krise als Chance

Unauffällig, aber ständig wächst die Zahl der Singles. Oft leben sie in partnerschaftlichen Beziehungen, haben aber nicht die Absicht zu heiraten. Voreheliche, außereheliche oder eheähnliche Beziehungen sind üblich geworden. Es gibt »Ehen auf Zeit« oder auch Ehen, die Kinder von vornherein ausschließen; es gibt Experimente verschiedenster Art, in Gruppen eheähnlich zusammenzuleben.

Die Ehe ist in die Krise geraten. Und diese Krise betrifft nicht nur die zwei Menschen, die nicht mehr miteinander leben können, sondern sie betrifft auch die Institution Ehe.

Meist kommen Eheleute zu spät zur Beratung oder zur Therapie. Sie sind nicht ausreichend motiviert. Eigentlich suchen sie eher eine Entlastung oder eine Bestätigung dafür, daß man es mit so einem Ehepartner wie dem ihren unmöglich aushalten könne. Eigene Fehler werden zwar zugegeben, aber letztlich ist man nicht mehr bereit, zu investieren und sich so zu verändern, daß ein Zusammenleben auf die Dauer möglich wird. Aber viele kommen rechtzeitig und sind ernsthaft gewillt, ihr Miteinander neu zu überdenken und zu gestalten.

In den Gesprächen ergeben sich im Blick auf die anstehenden Probleme folgende Trends:
– Kommunikationsstörungen. Man kann nicht mehr miteinander sprechen. Am Anfang der Ehe genügte ein Blick oder eine Bemerkung, um zu wissen, was der

andere meinte. Jetzt bringen selbst stundenlange Gespräche keine Klärung mehr. Häufig hat man das Miteinander-Sprechen total eingestellt, weil es nur zu Streit und Auseinandersetzungen führt. Irgend etwas hat die Hör- und Sprechfähigkeit zwischen den beiden verdorben. Es gelingt nicht mehr, das zu sagen, was dem anderen das Verständnis öffnen könnte, und das zu hören, was der andere von sich mitteilen möchte. Das Gespräch bleibt auf der Strecke.

Ich denke, daß wir uns zu Beginn unserer Ehe oft auch nicht verstanden haben, aber die erotische Spannung war so stark, daß unsere Unterschiedlichkeiten im Gefühl des Zuein-anderwollens einfach untergingen. Die Verständigung gelang ohne Worte. Jeder von uns konnte ungestört seine Projektionen auf den andern übertragen und darin glücklich sein. Ich fühlte mich nicht in Frage gestellt. Ich brauchte mir nicht die Ohren zu verstopfen für etwas, was ich nicht hören wollte.

— Partner, die aus Liebe heirateten und sich nicht vor-stellen konnten, daß es zwischen ihnen je Schwierigkei-ten geben würde, müssen feststellen, daß sie nichts mehr füreinander empfinden. Es ist etwas eingetreten, was ich als *Kältetod der Gefühle* bezeichnen möchte. Die Fähigkeit, dem anderen aus einer guten Grundstimmung heraus Wohlwollen entgegenzubringen und ihn, auch wenn er sich unverständlich äußert und verhält, anzu-nehmen, ist geschwunden. Die Vorstellung, in dieser Gefühlslage weiter miteinander existieren zu müssen, erzeugt Panik.

Ich habe immer darum gekämpft, mir die Gefühle für meinen Mann zu retten, denn mir war klar, daß mit ihrem Verlust der Tod meiner Beziehung zu ihm besiegelt wäre. Wenn schon die positiven Gefühle nicht zu ihrem Recht kamen, dann ließ ich doch wenigstens meine Wut und meine Angst heraus. Hätte ich diese verdrängt – ich glaube, ich wäre erstickt. Für

Wilhard war das allerdings schlimm, denn er konnte sich selbst nicht auf so aggressive Art äußern. Sein Gefühl mir gegenüber war dadurch sehr angeschlagen und brauchte immer länger, um sich wieder zu erholen.

– In der Reihenfolge der Probleme steht nach meiner Erfahrung der »klassische Ehebruch« erst an dritter Stelle. Er ist nie die eigentliche Ursache einer Krise, sondern nur ein Symptom. Er offenbart meist die längst zerbrochenen Erwartungen und Vorstellungen. Nicht das außereheliche Abenteuer führt den Bruch herbei, sondern die Unfähigkeit, damit umzugehen und diese Erfahrung zu verarbeiten.

Wo beginnt der Ehebruch? An den Maßstäben der Bergpredigt gemessen, sind wir alle – vielleicht mit Ausnahme ganz weniger – Ehebrecher. Je mehr ich mich bemühe, diesem Schicksal zu entgehen, desto stärker bin ich darauf fixiert. Ich möchte das Begehren nach einem anderen Mann nicht von vornherein verurteilen und verdrängen, sondern dieses als eine positive Kraft in mir erleben – als Herausforderung und als Zutrauen, mit dieser Kraft umzugehen. Ich glaube nicht an einen Gott, der uns ein noch härteres Gesetz aufbürden will, als das jüdische Gesetz das damals tat. Erotik und Sexualität gehören zu mir, und je ganzheitlicher zu lieben ich mir erlaube, desto stärker wird meine Persönlichkeit wachsen.

Das Kriterium für das, was ich kann und nicht kann, ist allerdings meine eheliche Beziehung. Trägt die eheliche Basis eine außereheliche Freundschaft, so wird die Ehe verändert, aber gestärkt aus einer solchen Erfahrung hervorgehen. Ich muß ein Gespür dafür entwickeln, was möglich ist und was nicht. Die Freiheit, die ich dem anderen gebe, kommt als Liebe von ihm zu mir zurück. Allerdings kann sich in diesem Sinn nur eine Ehe erweitern und vertiefen, deren Gefüge nicht schon vorher morsch war.

Was hat sich in Ehe und Familie geändert und welche Veränderungen tragen zur kritischen Situation der Ehe bei?

So unterschiedlich in verschiedenen Völkern und Zeiten die Ehen auch gelebt wurden, so bestand doch immer eine weitgehende Übereinkunft in der Vorstellung, was Ehe ist und wie Mann und Frau miteinander umzugehen haben. Heute verändert sich das Rollenverständnis. *Die gewohnten Rollen und Formen lösen sich auf.* Die Gleichberechtigung von Mann und Frau läßt eine Fixierung der Rollen nicht mehr so ohne weiteres zu. Manche Frauen erleben es als beglückend, nicht mehr auf die Frauenrolle festgelegt zu sein; andere – und oft auch Männer – erleben es als Konfusion, die ihnen das Selbstverständnis erschwert.

Unsere Rollen haben sich stark verändert. Aus einer ganz auf ihren Ehemann fixierten Ehefrau bin ich in eine Form hineingewachsen, die mir heute entspricht. Nicht nur mir selbst, auch meinem Mann gefällt es so besser. Meine Bewunderung und meine Abhängigkeit haben Wilhard früher unter einen enormen Leistungsdruck gesetzt. Er mußte in allem möglichst »super« sein, um mich nicht zu enttäuschen. Ich brauchte das, um ihn bewundern zu können, und zwar als Ausgleich zu seinen Schwächen, die ich auch registrierte. Sonst wäre mir schon damals die Rolle der untergeordneten Ehefrau schwergefallen. Wir gestatten uns jetzt beide, zu sein, die wir sind. Das ging bei mir nicht von heute auf morgen. Es war ein schmerzhafter Prozeß, der immer noch nicht abgeschlossen ist. Nur langsam verschwindet die Angst, mich nicht dauernd behaupten und erklären zu müssen. Das sitzt sehr tief.

Ich hatte aber auch Schwierigkeiten, die veränderte Rolle meines Mannes anzunehmen. Ich war so sehr auf seine Art eingestellt, daß mir die Umstellung in mancher Hinsicht schwerfiel. Der Spatz in der Hand war mir da lieber als die Taube auf dem Dach.

Die Rolle des Verzichtes hat sich auch gewandelt. Früher lag die Stabilität der Ehe entscheidend in der Opfer- und Leidensbereitschaft der Frau. Sie war sich dieser Rolle bewußt, wenn sie heiratete, und sie sagte bewußt ja dazu. Heute kann diese Bereitschaft nicht mehr ohne weiteres vorausgesetzt werden. Oft ist nicht einmal die Einsicht vorhanden, daß zur Ehe auch Verzichten gehört – nicht nur Gewinnen, sondern auch Zurückstehen, nicht nur Entfaltung und Befriedigung der eigenen Bedürfnisse, sondern auch Frustration. Von unserm heutigen Verständnis her ist es nicht mehr zu akzeptieren, daß die Bereitschaft zum Verzicht vorwiegend bei der Frau liegen sollte. Aber wo und von wem wird heute der Verzicht geleistet? Die Frau hat an Terrain gewonnen, an Möglichkeiten der Entfaltung. Sie hat viele Fesseln abgestreift. Der Mann ist aber auch nicht bereit, nun seinerseits ihre Rolle zu übernehmen. So bleibt die Last unbearbeitet liegen. Wie werden wir die Lösung der Probleme finden, die nur durch Opfer und Verzicht gelöst werden können?

Ich neigte zum Verzichten. Wenn man fünf Kinder hat, liegt das drin. Außerdem war der Dienst meines Mannes als Pastor meiner Überzeugung nach in jedem Fall wichtiger als ich und meine Bedürfnisse. Eine sich aufopfernde Mutter ist aber nicht nur für die Kinder unerträglich, weil sie ihnen nämlich dauernd ein schlechtes Gewissen macht, sondern auch für den Ehemann.

Die Gefahr eines übermäßigen Verzichtenwollens besteht bei mir nicht mehr; da haben wir die Rollen eher getauscht. Aber ich glaube, daß ein Verzicht an der richtigen Stelle und im gegebenen Augenblick mehr Gewinn als Verlust bringen kann.

Die Krisenanfälligkeit erhöht sich auch durch eine allgemein *erhöhte Glückserwartung.* Ein russisches Sprichwort sagt: »Gehst du zur See, dann bete einmal. Ziehst du in den Krieg, dann bete zweimal. Heiratest du, dann bete dreimal!« Darin kommt das Bewußtsein zum Ausdruck, daß die Ehe auch eine Aufgabe und eine schwere Verantwortung darstellt.

Eine gute Ehe setzt die Bereitschaft voraus, nicht nur das Glück, sondern auch Not, Krankheit und Unglück anzunehmen. Deshalb wurde in das Traugelübde die Formulierung aufgenommen: »sich treu sein in guter und in böser Zeit, bis daß der Tod uns scheidet«. Diese Bereitschaft ist heute nicht mehr selbstverständlich. Dazu kommt noch die sexuelle Glückserwartung. Durch Aufklärung und Information ist die Sexualität unter Leistungsdruck geraten. Wir wissen, was alles im Bereich des Möglichen liegt, und erwarten, daß das Intime optimal gelingt. Hier liegt sicher eine Ursache für die häufige Frigidität und Impotenz in vielen Ehen. Je höher die Glückserwartung, desto tiefer auch die Enttäuschung, wenn sich das Glück nicht einstellt.

Meine Glückserwartung war wohl immer ziemlich hoch. Ich hielt mich des Glücklichseins für fähig und strebte es intensiv an. Ich denke, das hat auch eine positive Komponente. Nur sollte ich meinen Mann dabei nicht verbiegen: Er hat mich dann glücklich zu machen!

Im Intimbereich haben wir immer wieder über unsere Wünsche und Vorstellungen gesprochen – nicht fordernd, sondern fragend, auf den andern eingehend. Ließ die Anziehungskraft nach, dann lag meist eine Blockierung oder Verärgerung auf anderer Ebene vor.

Ich glaube, jede Ehe hat ein Gebiet, das einfach besser gelingt als andere Bereiche. Bei manchen liegt das Glück mehr im Körperlichen, bei anderen mehr im Geistig-Seelischen. Ein hundertprozentiges Glück gibt es wohl selten.

Man heiratete noch vor einer Generation, um eine Familie zu gründen. Heute heiratet man, um miteinander besser und glücklicher leben zu können. Die Frage nach Kindern wird in vielen Ehen erst wesentlich später gestellt. Die Liebesehe hat die Tendenz zur Kleinfamilie, weil sie die Neigung zur Ausschließlichkeit in sich trägt. Zu zweit hofft man, die Liebesbeziehung am ungestörtesten und intensivsten leben zu können. Ein Problem liegt natürlich darin, daß bei einer Liebesheirat das Gefühl eine so große Rolle spielt. Erfahrungsgemäß sind Gefühle sehr unzuverlässig. So wird die Ehe nicht auf einem stabilen sozialen oder wirtschaftlichen Grund gebaut, wie das früher der Fall war, auch nicht auf dem Segen einer großen Kinderschar, die früher nicht nur als Frucht der Liebe gesehen wurde, sondern auch als potentielle Altersversorgung.

Ich war sehr verliebt, als wir heirateten. Wilhard war immer realistischer. Er liebte mich auf seine Weise. Ich zweifelte allerdings öfter daran, für ihn attraktiv zu sein. Daß wir Kinder haben wollten, war für uns von Anfang an klar; aber ich bin der Ansicht, daß auch eine Ehe ohne Kinder eine tiefe Erfüllung finden kann. Für mich gibt es nichts Natürlicheres, als von dem Mann, den ich liebe, ein Kind zu wollen (bei uns wurden es dann fünf!).

Der Aufbau der Familie und das Großziehen der Kinder waren Herausforderungen, die ein übertriebenes Reflektieren gar nicht aufkommen ließen. Heute stehen die Fragen der Selbstwerdung, der Persönlichkeitsentfaltung und der Individuation viel stärker im Vordergrund. Ebenso hat die Bedeutung der Gefühle sehr zugenommen. Wir haben gelernt, auf unsere Gefühle zu achten, wenngleich wir noch nicht gelernt haben, mit ihnen gut umzugehen. Die Vermehrung von Wissen und damit von Reflektionsmöglichkeiten macht das Miteinanderleben komplexer und komplizierter. Aus der Fülle des neuen Wissens entsteht ein Erwartungshorizont, der kaum zu füllen ist.

Gefühle hatten für mich immer einen sehr hohen Stellenwert; aber wir haben so unterschiedliche Gefühle, daß einer beim andern oft nicht auf seine Kosten kommt. Man kann vom Partner nicht mehr verlangen, als er hat, und nicht mehr erwarten, als er geben mag. Ich kann ihm auch nicht mehr geben, als er nehmen mag. Der Rahmen unserer Ehe ist zu schmal.

Manchmal hängt mir der ganze psychologische Kram, den ich über Gefühle weiß, zum Hals heraus. Ich möchte sie dann einfach leben, statt so viel darüber zu reden.

Eine gute Ehe zeigt sich nicht in einem ständigen Harmoniegefühl und Glücklichsein, sondern in der Bereitschaft und in dem Willen, an der Veränderung, am gegenseitigen Verstehen und an der Aufdeckung von Mißverständnissen zu arbeiten. Eine Ehekrise wird zur Chance, wenn sie dazu führt, sich selbst besser kennenzulernen, über sich nachzudenken und sich die eigene Unfähigkeit und die Reifungsdefizite der eigenen Person einzugestehen.

Daß so eine Krise anderen passiert – verständlich ... Aber uns? Das ist zunächst ein Schock.

Harmoniegefühl und Glücklichsein liegen mir viel mehr als »Bereitschaft und Willen zur Arbeit aneinander«. Ich habe doch schließlich aus Liebe geheiratet; und Liebe ist ein Geschenk des Himmels – das kann man nicht machen!

Ich spüre ein Unbehagen, wenn ich Wörter und Begriffe wie »Reifungsdefizite« höre. Das klingt so großspurig. Schwierigkeiten müßten sich doch auch anders regeln lassen. Offensichtlich aber doch nicht. Es wäre alles ganz einfach, wenn Wilhard sich in einigen wenigen Punkten ändern würde, dann könnte ich so bleiben, wie ich nun mal bin, denn ich will ich sein. Wer paßt sich nun wem an?

Was offenbart eine Krise?

Die Krise macht offenbar, daß beide Partner nicht die Reife haben, die sie zur Bewältigung der kritischen Situation brauchen. In dieser gleichen Ausgangsposition liegt eine Chance.

– Die Persönlichkeitsreifung kann erst ihren Anfang nehmen mit der Bereitschaft, sich selbst in den Bereichen anzuschauen, die noch nicht erwachsen werden konnten. Sie setzt allerdings voraus, daß ich mich selbst akzeptiere und liebe, denn erst dann kann ich auch meinen Partner annehmen und lieben. Gebrauche ich diesen zur Ergänzung und Erweiterung meiner Person oder als Stütze, als Stolz oder als mein Zuhause, dann ist das zu wenig. Ich muß Stütze, Stolz und Zuhause in mir selbst finden und das nicht alles vom Partner erwarten. Die Krise ist zur Chance geworden, wenn ich den anderen so annehmen kann, wie er wirklich ist, und nicht nur so, wie ich ihn gern für mich selbst hätte.

»Gleiche Position« – das ist so ein Stichwort für mich. Ich fühlte mich eigentlich immer unterlegen und wehrte mich doch zutiefst dagegen. Ich konnte es mir nicht leisten, Fehler und Schwächen zuzugeben. In mancher Hinsicht war ich auch fest von mir überzeugt, geriet aber leicht in Zweifel, wenn die Anerkennung von seiten meines Mannes ausblieb. Ich fand ihn einfach besser als mich. Er war mein Stolz. Ich schmückte mich mit ihm. Er war meine »bessere Hälfte«.

– Zur Persönlichkeitsreifung gehört eine zunehmende Selbständigkeit. Diese äußert sich in der Ehe darin, das eigene Glück nicht vom andern zu erwarten und zu fordern, und in der Fähigkeit, mit unbefriedigten Bedürfnissen und Wünschen selbständig umzugehen.

Ich erwartete mein Glück von Wilhard und litt darunter, daß ich ihn nicht so glücklich machen konnte, wie ich das gern getan hätte. Eines Tages ging mir auf, daß ich alles, was ich erlebte, in Relation zu ihm setzte! Ich war in meinem Lebensgefühl völlig abhängig von ihm.

Nur wer die Verantwortung für sein eigenes Leben übernommen hat, kommt weg vom Reagieren auf den andern, weg von den Echowirkungen auf Äußerungen und Verhaltensweisen des Partners. Er lernt, das zu tun und zu entscheiden, was ihm in seiner Situation richtig und verantwortungsvoll erscheint. Er besitzt die Fähigkeit, den Aufgaben und Problemen nicht auszuweichen, sondern sie anzugehen und Wege für ihre Lösung zu suchen.

Ich dachte, man ist verheiratet, um alles miteinander zu erleben. Ich weigerte mich innerlich, mich von meinem Mann zu distanzieren. Selbstverantwortung ist ein großes Wort. Ich möchte lernen zu differenzieren zwischen dem, was ich selbst entscheiden muß (und das ist das meiste), und dem, was wir nur zusammen entscheiden können.

— Die Liebesfähigkeit ist ein wichtiges Merkmal der Reife. Der Anfänger im Lieben liebt, weil er nicht anders kann, weil ihm der andere so liebenswert erscheint. Er liebt aus Faszination. Aber durch Belastungen und Enttäuschungen wird die Liebe zur Reife herausgefordert und vertieft. Ich liebe dann, weil ich lieben will, weil ich den anderen zu meinem Partner gewählt habe und weil ich Enttäuschungen bejahe. Enttäuschungen können zu einem vertieften Kennenlernen und zu einer umfassenderen Annahme führen und nicht nur zum Akzeptieren seiner guten, für mich angenehmen und liebenswürdigen Seiten.

Liebe aus Faszination ist unbestritten am schönsten. Aber wenn es nun aus ist mit der Faszination? Wenn ich »aus den Wolken« gefallen bin, muß ich mich auf der Erde orientieren und meine Wanderung zur nächsten Oase antreten.

18

*Ich habe mich lange gegen dieses »Lieben aus Willen«
gewehrt. Ich fand es entwürdigend. So eine Person bin ich also,
daß man sich anstrengen muß, mich zu lieben? Ja, man muß.
Jedenfalls wenn man mit mir so eng zusammenlebt wie in einer
Ehe! – Ich habe meine Schattenseiten angenommen und stelle
selbst nicht mehr den Anspruch an mich, immer faszinierend zu
sein. Das ist eigentlich sehr viel weniger anstrengend.*

Vermeidung von Krisen

Wer in der Krise davonläuft, hat sie überbewertet. Wer
sie ignoriert, geht leichtfertig mit ihr um. Man kann mit
Krisen umgehen, indem man sie einfach ignoriert, nach
außen Sonnenschein spielt und die Schattenseiten vor
anderen verbirgt.

*Das passiert sehr schnell. Gerade hat man sich noch über
solche aufgeregt, die anderen dauernd etwas vormachen, da
stellt man verblüfft fest, daß man selbst nicht besser ist. Ich
hatte für mein Verhalten aber plausible Gründe:*

*Ich kann doch die Leute nicht enttäuschen, für die ich ein
Vorbild bin. Die Krise betrifft ja nicht die ganze Person, nur
einen Teilbereich. Warum nicht mit dem intakten Teil fröhlich
weiterleben? Das ist doch nicht unehrlich. Außerdem läßt sich
nicht alles durch Reden klären.*

*Aber in erster Linie konnte ich mir meine Not selbst nicht
eingestehen. Zum Therapeuten mag man auch nicht gleich
rennen. So schlimm wird es wohl nicht sein. Vielleicht kommen
wieder bessere Zeiten. Auf Regen folgt Sonne. Das geht
niemand außer uns zwei etwas an.*

Viele vermeiden auch eine Krise, indem sie sich dem
Partner so anpassen, daß dieser in dem Bewußtsein lebt,
alles sei in Ordnung, während der Angepaßte still vor
sich hin leidet – manchmal aus Angst vor Veränderungen.

Ich empfinde das nicht als gesunde Rücksichtnahme, son-
dern als übertriebenes Harmoniebedürfnis oder auch als Angst
vor sich selbst. Irgendwie kriege ich es dann doch ab. Die
Resignation sucht sich ihr Ventil an anderer Stelle: in bissigen
Bemerkungen beispielsweise oder in unauffälligeren kleinen
Racheakten, die die Beziehung verwirren. Aber manchmal
spüre ich einen Konflikt auch nur, kann ihn aber nicht be-
nennen.

Man kann die Krise auch zu einer Dauereinrichtung
machen und sich an Streit, Auseinandersetzungen und
an den ständigen Kleinkrieg so gewöhnen, daß eine
Nötigung zur Änderung überhaupt nicht mehr besteht.
Eine solche neurotische Beziehung kann sehr dauerhaft
sein. Sie ist allerdings alles andere als ein Glück zu
zweit.

Symptome einer Ehekrise

Jede Krise hat ihre spezifischen Symptome, die im
Anfangsstadium oft übersehen werden. Es lohnt sich,
über einige Anzeichen, die die Stabilität der Ehe untergraben können, nachzudenken:
— *Immer weniger Zeit füreinander haben.*

Andere Menschen und Aufgaben werden unversehens
wichtiger als der Partner; natürlich nicht grundsätzlich, wohl
aber praktisch. Sie sind interessanter, anregender, reizvoller,
nicht so »vorbelastet« und anstrengend. Es ist meist keine Frage
der Zeit, sondern der Anziehungskraft. Daß die nicht immer
gleich stark ist, finde ich natürlich. Als wir merkten, daß wir
immer weniger Zeit füreinander fanden, haben wir jede Woche
einen Abend nur für uns allein ganz fest im Kalender eingetra-
gen. Meist haben wir uns dann in ein hübsches Restaurant
gesetzt, um uns ungestört unterhalten zu können, um aus
unserm »Dreh« zu Hause herauszukommen.

– Nicht mehr gern miteinander allein sein wollen, sondern möglichst andere dazu einladen, um das Gespräch zu zweit zu vermeiden.

Soziale Berufe bieten sich da besonders an. Anderen zu helfen ist immer ein guter Grund, sich aus dem Weg zu gehen, die Angst voreinander zu verbergen, die Angst vor der Unfähigkeit, sich verständlich zu machen oder vom Partner etwas zu hören, das weh tut.

– *Nicht mehr über alles sprechen können.* Es ist sicher nicht nötig und auch nicht immer gut, mit totaler Offenheit voreinander zu leben. Wenn aber die ausgesparten Themen immer mehr zunehmen, ist das zu überprüfen.

Die Offenheit voreinander ist immer davon abhängig, wieviel der andere verkraften kann. Das einzuschätzen ist eine schwierige Aufgabe. Aber es hat keinen Zweck, um der eigenen Entlastung willen dem Partner eine Last aufzubürden, der er innerlich nicht gewachsen ist. Es ist manchmal eine Frage der Reife, ein Geheimnis auszuhalten in der Hoffnung, dieses eines Tages dem Partner anvertrauen zu können.

Manches kann man einem anderen Menschen besser anvertrauen als seinem Partner. Das muß gar kein Verheimlichenwollen sein, sondern vielleicht nur die Erfahrung, daß ein anderer Mensch mich besser versteht. Ich kann mich gut daran gewöhnen, aber das Lernen aneinander hört auf, wenn ich auf Dauer den Weg des geringsten Widerstandes wähle.

Wenn ich blockiert, verletzt, verärgert oder auch nur zu beschäftigt mit mir selbst bin, kann Wilhard mir nichts anvertrauen, dann ist er bei mir nicht gut aufgehoben.

– *Wenn Gespräche immer öfter in Streit oder Schweigen enden.*

Die Entscheidung, ob man ein Gespräch lieber beenden sollte oder nicht, ist eine Sache des Fingerspitzengefühls. Wir sind da nicht immer gleicher Meinung, aber wenn ich nicht mehr kann, ist es völlig zwecklos, weiterzureden. Oft sind die Gefühle so verletzt oder aufgewühlt, daß eine Schonpause eingelegt werden muß. Das sollte aber deutlich verbalisiert werden. Sonst verfestigen sich die Positionen immer mehr in einem brütenden Schweigen.

Die größere Liebe hat meist der, der den Faden zu gegebener Zeit vorsichtig wieder aufnimmt.

– Dem anderen keine Schwächen zeigen und keine Fehler zugeben aus Angst, daß diese gesammelt und dann ausgenutzt werden, wenn es zu Auseinandersetzungen kommt.

Ich möchte dem Mann, den ich liebe, meine Schwächen zeigen, aber ich möchte den Zeitpunkt dafür selbst bestimmen dürfen. Nichts ist schrecklicher, als unter dem Druck zu stehen, etwas zugeben zu müssen, das ich aus Unsicherheit und Angst noch nicht zugeben kann.

– Sich nicht mehr füreinander »schön machen«, sondern nur noch für die Begegnung mit anderen.

Es ist deprimierend, wenn ein Mann nicht merkt, daß seine Frau ein neues Kleid anhat. Wir haben einen unterschiedlichen Geschmack, und Wilhard fand die Kleider, die ich aussuchte, oft unvorteilhaft für mich. Da ich auf seine Kritik ziemlich allergisch reagierte, konnten wir schlecht über dieses Thema sprechen. Ich verlor den Spaß daran, mich für ihn schön zu machen. Mit meiner Figur war es ähnlich. Mir machte es viel aus, wenn ich so wenig gelobt wurde. Außerdem vermisse ich mehr und mehr, daß er sich für mich schön macht. Was können wir tun, wenn diese Krisenzeichen nicht mehr zu übersehen sind?

Vom Umgang mit Krisen

Aus dem bisher Beschriebenen wird deutlich, daß eine Krise kein Grund ist, zu verzweifeln oder die Flinte ins Korn zu werfen. Eine Sache ist so schlimm, wie ich sie bewerte. Auch das ist eine wichtige Einsicht im Umgang mit Krisen.

– *Zum Umgang mit Krisen gehört Mut, sich die Lage einzu-gestehen.*

Das ist schwer. Aber das Eingeständnis ist leichter, wenn ich glauben kann, daß sich etwas zwischen uns neu und besser ordnen wird. Jeder von uns hat sich verändert. Das ist doch gut. Aber es wirkt sich natürlich auch in unserer Zweisamkeit aus. Das Haus unserer Ehe muß neu besehen werden.

– *Eine Ehekrise ist keine Katastrophe, wenn sie im Zusammenhang mit Wachstum und Reife gesehen werden kann.* Das heißt, daß ich die Schuld nicht beim Partner suche, sondern daß ich überlege, was ich selbst tun kann, um die Situation zu verändern.

Manchmal geht der eine von uns voran, dann wieder der andere. Der, der hinterherläuft, hat es schwerer. Er möchte gern, daß der andere zu ihm zurückkommt. Das »Neue« bei Wilhard macht mir angst. Aber jedes Vorangehen des einzelnen kommt dem Gemeinsamen zugute, wenn ich mich nicht dagegen auflehne und sperre, wenn ich sein Handeln nicht als gegen mich gerichtet empfinde, sondern als Teil seiner Person und seiner Entwicklung. Ich muß aber nicht ohnmächtig die neue Situation aushalten, sondern ich kann überlegen, wie ich mich darauf einstellen möchte. Mir bleibt die Freiheit, nach meinen inneren Möglichkeiten zu handeln, statt eine Veränderung vom Partner zu erwarten.

– *Was in einer Ehekrise zerbrechen muß, ist nicht die Ehe, sondern sind die Träume und Illusionen.* Zur Bewältigung gehört deshalb die Ehrlichkeit, Wunschträume aufzudecken, wach zu werden und die Realität zu sehen. Ich bin anders, als ich es von mir erwartet habe, aber ebenso ist mein Partner anders, als ich es von ihm erwartete. Zu einer guten Ehe gehört nicht die gegenseitige Erfüllung von Wunschträumen, sondern der Mut, zu einem Menschen ja zu sagen, der sich im Laufe der Jahre immer wieder anders verhält, als dies meinen Vorstellungen entspricht.

Ich denke, daß Träume sehr wichtig sind im Sinne des Wünschens, der Vision. Ich gehe darauf zu. Ich erschaffe mir meine Welt durch meine Vorstellungen. Aber ich kann nicht mit dem Kopf durch die Wand gehen. Stoße ich an eine Mauer, dann muß ich einen anderen Weg für mich finden. Die Realität verändert sich ständig, und wir müssen unsere Träume ab und zu revidieren, wenn sie nicht zur Illusion werden sollen.

— *Es ist nötig, die Motive und Erwartungshaltungen aufzudecken, die zur Eheschließung geführt haben.* War das damals zum Beispiel eine Flucht von zu Hause oder die Suche nach einem Vater- oder Mutterersatz? War das eine Flucht vor ungelösten Problemen – vielleicht in der Sexualität? Oder spielte die Wohnungsfrage eine Rolle? Oder das Geld? Oder ging es um eine Ersatzlösung für eine vorangegangene gescheiterte Beziehung?

Es ist nötig, diese unklaren Motivationen, aber auch die ungestillten Erwartungen und Bedürfnisse voreinander auszusprechen. Die Krise bleibt allerdings bestehen und verschärft sich noch, wenn die Mitteilungen in Form von Vorwürfen und Anklagen gemacht werden. Sie wird zur Chance und bewirkt Heilung, wenn ich meinem Partner sagen kann, worin ich an mir selbst enttäuscht bin. In diesem gegenseitigen Sich-Mitteilen, in dem Versuch, sich zu verständigen, kann es zu der Entdeckung kommen, daß die Unterschiedlichkeiten oft größer sind als das Gemeinsame, Verbindende und daß die eigentliche Aufgabe darin besteht, uns in unserer Andersartigkeit zu akzeptieren.

Sicher habe ich unbewußt meinen Vater gesucht, den ich immer bewunderte, weil er so tüchtig war, und um dessen Anerkennung ich immer geworben hatte; bestimmt auch den Partner für eine Arbeit an Jugendlichen, die mich damals ganz ausfüllte.

Wilhard suchte in erster Linie ein Zuhause, eine Frau, die auf ihn wartete, wenn er vom Dienst heimkam.

Ich war verwirrt, als ich merkte, daß irgend etwas nicht zusammenpaßte. Ich weinte viel und wußte nicht warum. Mit einem Dritten darüber zu sprechen wäre mir als Verrat an unserer Ehe erschienen. Nie hatte ich daran gedacht, daß meine Ehe einmal schwierig werden könnte – aber mein Vater liebte meine Mutter so ganz anders als mein Mann mich.

Ich war psychologisch ungeschult. »Unklare Motivationen« – das war damals ein Fremdwort für mich, das ich nicht verstand. Durch meine Frömmigkeit erfuhr ich Tröstung, aber keine Klarheit. Darum konnte ich mich Wilhard gegenüber auch nur sehr verschwommen äußern. Ganz langsam kam ich dahinter, wie grundverschieden wir sind. Ich empfand allerdings meine Lebensart als das Normalere und hoffte im stillen, meinen Mann mit der Zeit davon überzeugen zu können.

Kaum eine ernsthafte Krise wird nur zwischen zwei Menschen zu bewältigen sein. Hier sind wir auf die Hilfe anderer angewiesen. Es muß nicht immer gleich ein Ehetherapeut sein, aber warum auch nicht die Hilfe derer in Anspruch nehmen, die dafür geschult sind? Oft helfen aber schon Freunde, die ebenso wie wir an ihrer Ehebeziehung arbeiten.

Ich wollte erst fachmännische Hilfe annehmen, als ich in einer unangenehmen Situation buchstäblich wie gelähmt am Tisch saß. Da war es soweit. Vorher ging mir das irgendwie gegen meine Ehre. Ich hatte vielen anderen helfen können, und nun mußte ich selbst um Hilfe bitten.

Bei aller Arbeit an der Ehe ist es wichtig, über die Grundvoraussetzungen Klarheit zu gewinnen. Ich muß mich ernsthaft fragen, ob ich den anderen überhaupt noch will, oder ob ich schon die ganze Zeit zu beweisen versuche, daß alles keinen Sinn mehr hat. Bin ich noch bereit, mit meinem Partner, den ich vor Jahren als Lebensgefährten für mich gewählt habe, auch in Zukunft das Leben zu teilen und zu gestalten?

Ich habe einen starken Willen, aber wenn der erloschen ist, sind alle Bemühungen im Grund Scheinmanöver. Dann mache ich mir und meinem Mann etwas vor. Also: Will ich noch, oder habe ich es satt? Wenn ich keine Hoffnung mehr habe, höre ich auf, effektiv an der Gestaltung meiner Ehe zu arbeiten. Es gibt einen Unwillen, der vorübergehend auftaucht; wird er aber chronisch, dann verwelkt die Liebe.

Meinen Mann von innen heraus zu wollen, zu seinem Wesen ja zu sagen, das ist immer wieder der eigentliche Beginn meiner Neuorientierung.

Partnerschaftliche Ehe

Daß Menschen partnerschaftlich miteinander umgehen, ist neu. Normalerweise herrscht das Bewußtsein vor, daß einer besser ist als der andere; er ist vielleicht klüger, reifer, reicher oder schöner. Schon als Kinder werden wir in Ältere und Jüngere unterschieden; selbst eineiige Zwillinge sind nicht gleich. In der Schule geht es dann ebenso: Wir werden in Erste und in Letzte eingestuft, was die Zeugnisse beweisen. Auch im beruflichen Leben findet das seine Fortsetzung und in den Statussymbolen der Gesellschaftsschicht, der wir angehören. In jeder Gruppe gibt es Anfänger und Fortgeschrittene. Sogar in der Kirche gibt es Pastoren (Hirten) und die Herde (Schafe). Sehr augenfällig ist die Unterscheidung im Geschlecht. Daß hier Unterschiede bestehen bleiben, läßt sich auch nach mehr als fünfzig Jahren Emanzipation der Frau nicht leugnen: Ein Junge ist anders als ein Mädchen.

Partnerschaft ist ein Gedanke, der nach dem letzten Krieg auftauchte. Partnerstädte im In- und Ausland übernahmen füreinander Verantwortung und machten gegenseitig Freundschaftsbesuche. Auch in der Politik und in der Zusammenarbeit von Arbeitgebern und Arbeitnehmern sprechen wir von Partnerschaft. Partnerschaft ist für viele ein Programm geworden und aus unserer Gesellschaft nicht mehr wegzudenken.

Eine Partnerschaft in der Ehe ist aber ganz besonders kompliziert, denn nirgendwo in menschlichen Beziehungen und Bereichen sind wir so eng aufeinander angewiesen und nirgends treten die Unterschiede so schmerzhaft zutage. Eine partnerschaftliche Ehe kann nur von zwei Menschen gelebt werden, die partnerschaftsfähig geworden sind.

Die partnerschaftliche Ehe ist eine »Ich-Du-Beziehung«, die zu einer »Ich+Du-Beziehung« werden muß. Das Wesentliche liegt hier im »und«. Das »und« hat die Eigenschaft, zwei Dinge miteinander zu verbinden – in unserem Fall zwei Menschen –, und es stellt gleichzeitig etwas Trennendes zwischen dem Ich und dem Du dar. Partnerschaft in der Ehe ist der Versuch, zwei ganz verschiedenartige Wesen von unterschiedlicher Denkweise und Herkunft, mit anderen Gefühlsempfindungen, Wünschen und Ängsten miteinander in Beziehung zu setzen, ohne es zu einer permanenten Verschmelzung kommen zu lassen und ohne in einer ständigen Anspannung und Auseinandersetzung so viel Kraft zu verlieren, daß sich das Unternehmen nicht lohnt.

Das »und« zwischen dem Ich und dem Du ist eine göttliche Gegebenheit. Es ist das Zeichen für den Geist Gottes, der die Gemeinschaft bildet und ermöglicht, der aber auch trennend zwischen zwei Individuen steht, damit sie immer wieder neu zu sich selber kommen und sich nicht in Abhängigkeiten verlieren und in einer Symbiose leben, die eine Weiterentwicklung des einzelnen verhindert.

Partnerschaftliches Verhalten

Für die Grundeinstellungen im partnerschaftlichen Umgang miteinander gibt das Neue Testament wichtige Hinweise. Daß Jesus diese nicht besonders auf die Ehe bezogen hat, erklärt sich aus dem damaligen Eheverständnis – Ehe als Partnerschaft wäre unvorstellbar gewesen –, aber sie entsprechen genau den Einstellungen, die wir heute in unserer ehelichen Partnerschaft anstreben:

»Richtet nicht, so werdet ihr nicht gerichtet werden –
verurteilt (bestraft) nicht,
so werdet ihr nicht verurteilt (bestraft).
Gebt frei, so werdet ihr freigegeben –
so wird euch gegeben werden.
Ein volles, gerütteltes und überfließendes Maß
wird man in euren Schoß geben;
denn mit welchem Maß ihr meßt,
mit dem wird euch wiedergemessen werden.«

Lukas 6, 37 und 38

Hier wird eine gleichwertige Beziehung angesprochen. Das Maß, das ich beim anderen anlege, muß ich auch für mich selbst gelten lassen.

– *Richtet nicht, damit ihr nicht gerichtet werdet.* Es gibt in der Ehe sehr grobe Formen des Richtens und Verurteilens, aber auch sehr subtile: Wir behandeln uns von oben herab oder ziehen uns beleidigt zurück; wir werten den anderen (»du bist ...«), wir deuten sein Verhalten, seine Äußerungen. Wir sind die reinsten Gedankenleser; wir wissen schon die Antwort, bevor der andere überhaupt reden konnte.

Richten heißt, die eigenen moralischen und auch die eigenen geschmacklichen oder gesellschaftlichen Umgangsformen zum gültigen Maß zu erklären und den Partner danach zu bewerten (meistens abzuwerten). Es ist schwer, nicht zu richten, sondern den andern so zu sehen und zu nehmen, wie er ist. Im Grunde ist jeder Vorwurf und jede Anklage ein solches Richten. Wer den andern richtet, maßt sich das Recht an, einen allgemein gültigen Maßstab zu besitzen. Ich kann einen Menschen nur von außen beurteilen, nur von dem her, was ich an ihm erkenne, was ich verstanden habe, was er mir von sich gezeigt hat. Der Einzige, der wirklich richten kann, der Herz, Gedanken, Motive und Zusammenhänge

29

sieht, ist Gott. Aber Gott hat sich entschlossen, nicht Richter, sondern Liebhaber zu sein, und das ist mehr als Gerechtigkeit und Gericht. Er hat sich entschlossen, barmherzig zu sein, und das ist größer als alle Richtigkeit. Wenn wir Gott so sehen, kann in uns die Fähigkeit wachsen, unserem Partner auch so zu begegnen.

– *Verurteilt nicht (bestraft nicht)*. Es ist wohl kaum jemandem bewußt, daß er seinen Ehepartner bestraft; wir »reagieren« höchstens. Das Bestrafen ist eine sehr diffizile Form des Umgangs miteinander. Es findet auch in gutgehenden Ehen seine Ausdrucksformen: Ich kann den anderen bestrafen durch Geringschätzung, durch abwertende Bemerkungen, durch Liebesentzug, und sei es nur der Entzug von Aufmerksamkeit. Ich kann ihn bestrafen durch Rückzug und Schweigen, durch Vorwürfe und Anklagen. Ich kann ihn sogar durch meine Krankheit bestrafen und unter Druck setzen. Ich verlange Rücksichtnahme oder verweigere mich. Ich bestrafe den anderen, indem ich leide. Ich leide an ihm oder unter ihm und lasse es ihn spüren. Ich kann auch bestrafen, indem ich meinen Partner von meiner Erlebniswelt ausschließe: Ich teile meine Gedanken nicht mehr mit ihm und halte mich in meinen Empfindungen zurück.

Es gibt auch ein Bestrafen durch Ironie und Witzeleien auf Kosten des anderen. Diese Umgangsformen fallen nach außen kaum auf, können aber eine quälende, ja zerstörerische Wirkung haben und die Gefühle füreinander langsam absterben lassen.

– *Losmachen und freisprechen*. Das Gegenteil zum Freisprechen wäre festhalten, besitzen, verfügen. Es gehört noch häufig zur Vorstellung von Ehe, daß ein Ehepartner zum Besitz des anderen zähle, daß man gewissermaßen Eigentumsrecht aneinander habe. Besonders deutlich wird diese innere Einstellung, wenn einer der Partner Freiheit für sich beansprucht und Entscheidungen trifft, die den anderen beeinträchtigen. Es überfordert geradezu unser Vorstellungsvermögen, sich zwei freie, selbständige und mündige Partner vorzustellen, die sich gegenseitig freigeben. Wir empfinden diese Freiheit im Raum der Ehe als chaotisch und zutiefst beängstigend. Ganz sicher ist dieser Prozeß des Freigebens auch ein mühsamer Vorgang, der viel Rücksicht und Liebe erfordert.

Im Grunde heißt freigeben auch lieben. Liebe will das volle Glück des anderen, will ihm Entfaltung und neues Leben ermöglichen. Dazu ist Freiheit aber die unbedingte Voraussetzung.

Oft sind diese Lernprozesse ungemein schmerzhaft. Eltern erfahren das, wenn die Kinder beginnen, ihren eigenen Weg zu gehen, und Entscheidungen treffen, die ihnen in keiner Weise gefallen. In der Ehe ist das Freigeben noch viel schwerer und komplexer.

Aber Liebe kann nur in Freiheit gedeihen. Wenn ich Liebe erwarte, muß ich die Möglichkeit dafür schaffen und nicht mit Richten und Bestrafen den andern in Abhängigkeit setzen. Ich versperre ihm damit den Weg, Liebe zu lernen und in Freiheit, das heißt freiwillig Liebe zu schenken.

Solche Lernprozesse erfordern eine Umstellung unserer allgemein üblichen Lebensregeln und Lebenserfahrungen. Wir sprechen viel mehr von Bindung, von Verpflichtung, von gegenseitiger Verantwortung und meinen damit häufig, daß der andere für mich dazusein hat. Wir meinen eine Abhängigkeit, die eine freie und damit liebeerfüllte Beziehung erschwert.

Freigeben und Freisprechen gehören zusammen. Das Wort »freisprechen« hat in unserem Sprachgebrauch noch heute seine Bedeutung: jemanden aus der Lehre entlassen, ihn »freisprechen«. Der Handwerksgeselle ist nun nicht mehr Lehrling. Er ist nicht mehr abhängig. Er ist frei und hat damit das Recht, sich in eigener Verantwortung Ort und Arbeit zu wählen und sich selbständig zu machen.

Von diesem Hintergrund aus gesehen ist Lieben in partnerschaftlichen Beziehungen eine hohe Kunst. Sie hat es mit der Überwindung von tiefsitzenden Ängsten zu tun. Wir möchten im Grunde über den anderen verfügen. Wir haben Verlustängste, Angst, zu kurz zu kommen. Freigeben erfordert viel Liebe und Toleranz und gelingt sicher nur dort, wo Selbständigkeit und Persönlichkeitsreifung vorhanden sind.

Freigeben heißt: Verzicht auf Ansprüche an den anderen, auf Forderungen an sein Verhalten, an seine Zuwendung, an Garantien. Doch birgt diese Haltung die größte Chance in sich, wirklich Liebe zu erfahren, denn der so Freigegebene wird, wenn er ein Liebender ist, all das, was ihm vorher abgefordert wurde, nun aus freiem Herzen geben können. Freigeben heißt: Alles loslassen und damit alles gewinnen!

»Alles loslassen«? Ist das nicht ein böses Mißverständnis? Weiß ich denn, ob der »Freigegebene« wirklich ein Liebender ist, der mir »alles – aus freiem Herzen – viel schöner« wiedergeben wird?

Ich habe Wilhard seine Liebe erst geglaubt, als ich sah, wie sehr er unter meinem Ihn-festhalten-Wollen litt, wie er dabei »schrumpfte«. Wäre er kein Liebender, dann wäre er von mir weggegangen, um sein Leben zu retten.

War es Liebe, daß ich ihn so fest an mich binden wollte? Ich glaube schon. Aber es war auch Verlustangst (was bin ich allein?) und Macht-haben-Wollen über ihn. Macht gibt Sicherheit.

Mein Ideal waren früher Eheleute, die sich mit zunehmendem Alter immer ähnlicher werden und sogar gleiche Gesichtszüge entwickeln. Je ähnlicher sie sich geworden sind, desto besser ist die Ehe gelungen! Diese Einstellung mußte ich grundlegend revidieren. Wir sind so unterschiedlich, daß wir

nur gut miteinander leben können, wenn wir unsere Verschie-
denheiten akzeptieren und uns nicht gleichmachen wollen.

»Alles loslassen und damit alles gewinnen«? Das ist die
einzige Möglichkeit! Ich habe mich lange Zeit selbst ärmer
gemacht, denn ich binde mich selbst an, wenn ich Wilhard
anbinde. Ich hindere mich selbst am Leben, wenn ich ihn an
seinem Leben hindere. Einer hätte immer zugunsten des ande-
ren zurückstecken müssen, es wäre ein permanenter Kompro-
miß geworden.

Die ersten zwanzig Ehejahre habe ich wie eine Symbiose
erlebt. Sie hat mich gestärkt. Das Loslassenlernen war dadurch
wie von guter Hand vorbereitet. Ich habe nichts verloren,
sondern viel dazugewonnen.

Es kann manchmal notwendig sein, sich Freiheit zu
nehmen, aber das ist dann keine beglückende Freiheit.
Nur Freiheit, die mir geschenkt wird, erweckt Liebe zu
dem, der sie schenkt, und schafft eine neue »Bindung in
Freiheit«, die weiter reicht als alle durch Vertrag und
Verpflichtungen erzwungene Nähe und Gemeinschaft.
– »*Geben ist seliger als Nehmen*«, doch die meisten Menschen sind mit der geringeren Seligkeit durchaus zufrieden. Niemand kann aber geben, ohne vorher empfangen
zu haben. Niemand kann lieben, ohne vorher geliebt
worden zu sein. Doch viele Menschen gewinnen aus
dem Geliebtwerden trotzdem nicht die Kraft, selbst zu
lieben und Liebe zu geben. Sie sind im psychischen
Sinne Bettler: Menschen, die aus dem Gefühl, unfähig,
unwürdig und ungeeignet zu sein, nicht herauskommen
und die immer nur erwarten, daß man ihnen Zuwendung und Aufmerksamkeit schenkt, daß man sie berücksichtigt und liebt.
– *Die freieste und vollkommenste Art des Gebens ist die*
Vergebung. Vergeben heißt, dem anderen zugestehen,
daß er anders ist, als ich es von ihm erwartet habe, und
daß er mir vieles schuldig bleibt, was ich meinte von

ihm erwarten zu können. Vergebung setzt den anderen in die Lage, so sein zu können, wie er ist. Sie setzt ihn frei, das zu schenken, was er geben und schenken kann, und befreit ihn aus der Pflicht.

Wer seinem Partner Vorwürfe macht, hat es noch nicht weit gebracht in der Kunst des Vergebens. Wer Enttäuschungen speichert und die Fehler des anderen sammelt, wer seine inneren Verwundungen und Kränkungen pflegt, wird nicht in den Genuß dessen kommen, was dem Gebenden verheißen ist: »ein volles, überfließendes und unbegrenztes Maß« an Liebe und Zuwendung. Der Vergebende macht sich zum Fürsprecher, zum Anwalt seines Feindes. Er tröstet den, der ihn verletzt hat. Er glaubt dem, der ihn betrogen hat. Er liebt den, der ihn lieblos behandelt hat.

Wer unbegrenzt liebt, wird unbegrenzt geliebt werden. Wer bedingungslos liebt, wird ohne Bedingung Vergebung empfangen.

Schon wieder dieses Bedingungslose! Immer ein bißchen höher springen, als nötig wäre. Immer noch eine Meile weiter mitgehen und zu dem »Rock« auch noch den »Mantel« geben ... Diese Art zu lieben ist ein Ziel, nach dem ich mich ausstrecke. Den Vorsprung kriegen, nicht immer hinterherhinken, sondern freiwillig geben – vergeben.

Was habe ich zu vergeben? Viel. Ich habe die Macht, zu binden und zu lösen, Wilhard zu verhaften oder zu befreien, ihm ein schlechtes Gewissen zu machen oder ihn davon zu entbinden.

Partnerschaftliches Leben ist Hilfe zur Reifung

Es geht nicht darum, Fehler zu vermeiden, sondern aus Fehlern zu lernen, nicht Prinzipien und Ordnungen zu erfüllen, sondern miteinander leben zu lernen. Die Ehe ist für den Menschen da, nicht der Mensch für die Ehe. Es gelingt auf Dauer nicht, die Ehe von ihrer Grenze her zu definieren – festzulegen, wo sie anfängt und wo sie aufhört, wo sie gebrochen wird und wo nicht, sondern sie muß von ihrem Inhalt her verstanden werden, von dem her, was sie lebendig macht, was die Entwicklung des einzelnen fördert, auch wenn dies das Zusammenleben kompliziert. Die Ehe ist, von innen her gesehen, eine lebendige Gemeinschaft von zwei Menschen, die das Wagnis eingehen, miteinander einen Weg zu gehen, sich einander anzuvertrauen mit Leib, Seele und Geist, in Beziehung zu bleiben und nicht aufzuhören, einander zu lieben und besser lieben zu lernen.

– *Verweigerung der Reife.* Fehler treten in Erscheinung, wo etwas fehlt. Sie helfen uns, das Fehlende zu entdecken. Die Konflikte zu vermeiden, Enttäuschungen nicht wahrhaben zu wollen, kann vielleicht eine äußere Harmonie erhalten, doch die Freude an sich selbst und am Miteinander wird dabei verlorengehen. Es gibt so viele Ausweichmanöver: Überaktivitäten im Beruf und in Gesellschaft und Kirche. Sie sind Ersatzlösungen für verhinderte Krisen und fixieren damit die Krise. Nur wer bereit ist, durch Krisen hindurchzugehen und Enttäuschungen nicht als Ende der Beziehung, sondern als Herausforderung zu betrachten, wird neue und reifere Erfahrungen machen können.

Die Ehe ist kein Hafen zum Ausruhen, sondern ein gemeinsamer Weg – ein Nachdenken über die eigene Geschichte, über die mitgebrachten Belastungen, Prägungen und Hemmungen – und ein Miteinanderarbeiten an der gemeinsamen Vergangenheit und Zukunft.

Der partnerschaftsfähige Mensch

Partnerschaftsfähig ist der Mensch, der zum Ich geworden ist. Ich-Sein ist nicht Egoismus. Der Egoist leidet an einem mangelnden Selbstwert. Deshalb braucht er ständig andere, die ihn aufwerten und damit sein Defizit auffüllen. Der ichbewußte Mensch hat ein tiefes Wissen um seine Originalität, um sein ganz spezifisches individuelles Leben, das nur er leben kann. Nur er hat die eine geschichtliche Stunde seiner Geburt, die eine einmalige Konstellation an Begabungen und Schwächen. Nur ich bin ich, und ich allein kann mein Leben verwirklichen.

Erst ein Ich ist dann auch du-fähig, jedenfalls im Sinne einer Dauerbindung, wie sie die Ehe darstellt. Je mehr ich weiß, wer ich bin, je besser ich mit mir selbst umgehen kann, desto eher bin ich auch in der Lage, ein Du zu erkennen und gelten zu lassen und mit einem Du partnerschaftlich umzugehen.

– *Das Annehmen der eigenen Person* ist die wichtigste Voraussetzung zur Partnerschaft in der Ehe. Die sogenannten guten und anerkannten Seiten anzunehmen fällt nicht so schwer, aber auch die Schwächen und Schatten zu erkennen und gelten zu lassen, sie nicht zu verdrängen und auf andere zu projizieren ist weniger einfach, aber ein notwendiger Prozeß, der die Reife und Partnerschaftsfähigkeit fördert.

Mein Typ verlangt den Beifall des Publikums, und daher präsentiere ich gern meine positiven Seiten. Ich kann mich gut verkaufen. Ich muß mein Image schützen, und dabei sind mir meine Schattenseiten sehr lästig.

Durch Beschäftigung mit Märchen bin ich in den letzten Jahren auf »die Hexe in mir« gestoßen. Ja, das ist auch ein Teil von mir: das Häßliche, den anderen einsperren, um ihn hinterher »aufzufressen«, das Lauern und In-die-Falle-Locken, den anderen in etwas verwandeln wollen, was mir in den Kram paßt! Ich bin nicht immer die gute Fee. Damit habe ich mich nun endgültig abgefunden!

Wenn irgend etwas schiefging, waren immer die anderen die Bösen; ich konnte und durfte es nicht gewesen sein. Auch in meiner Ehe verdächtige und behafte ich Wilhard oft mit meinen eigenen verdrängten Seiten. Was ist eigentlich »gut« und was ist »böse«? Ich kriege das nicht mehr so genau auseinander.

– Sich selbst lieben. Wer lernt, liebevoll mit sich selbst umzugehen, wird auch andere Menschen liebevoll behandeln und sich selbst ändern können. Wer sich ändern will, nur weil andere es von ihm verlangen, wird sich verkrampfen. Nur wer sich selbst mag, wird es sich leisten können, sich auf Veränderung einzulassen und das, was nicht mehr zu ihm paßt, abzulegen.

Ich werde das Alte nur loslassen, wenn ich glauben kann, daß das Neue besser ist; wenn ich spüre, daß es mir guttut, daß es Freude in mir auslöst.

Bin ich bereit, gegebenenfalls auf die Zustimmung meiner Umwelt zu verzichten? Es ist mein Leben, und niemand kann mir die Verantwortung dafür abnehmen, auch mein Ehepartner nicht! Ich möchte mein eigenes Geheimnis entdecken. Ich finde diese Reise in mein Inneres faszinierend.

Manchmal kommt es mir so vor, als sei die ganze Welt nur für mich gemacht! Ich staune über das Timing, das verblüffende Zusammenwirken von Umständen in meinem Leben, das Ineinandergreifen von Situationen, die wie ein Lockruf zum Vorwärtsgehen sind. Wer arrangiert das alles für mich? Ich muß einen ungeheuren Wert besitzen.

– *Reifen in der ganzen Person.* Zum Reifungsprozeß gehört ein Ernstnehmen aller Bereiche meiner Person. Der Körper ist ebenso wichtig wie die Seele mit ihrer Fülle an Bildern, Empfindungen, Gefühlen und Triebenergien, an Wünschen und Phantasien – und ebenso wichtig wie die geistigen Fähigkeiten und ihre Entfaltung. Reifung ist Entdeckung und Befreiung *aller* Gaben, die in mir schlummern.

Zur Reife gehören Ichbildung und Willensbildung. Sie zeigt sich in einer zunehmenden Gefühlsstabilität gegenüber der Stimmungslabilität.

Zur Reife gehört auch, immer wieder Zielvorstellungen zu haben, zu wissen, wohin ich will und was ich will, und die Selbständigkeit, mich auf den Weg zu machen und nicht zu warten, bis andere mitgehen oder mir den Weg bahnen.

Manchmal verwechsele ich Sturheit mit starkem Willen, Unbeweglichkeit und mich aus Angst an etwas klammern mit »wissen, was ich will«. Mein Argumentieren ist dann sehr emotional geladen, und ich muß meine Gefühle einfangen, wie man ein Pferd einfängt, das durchgegangen ist. Ich empfinde diese unkontrollierten Reaktionen heute nicht mehr als ein besonderes Zeichen von Echtheit und Offenheit, sondern als Unreife. Ich will nicht mehr so. Ich will herausfinden, was ich »eigentlich« will. Ich will sehen, was unter der emotionalen Schicht ist. Meist sind es unausgesprochene Wünsche und Bedürfnisse.

– *Partnerschaftsfähigkeit erfordert auch Rollenflexibilität.* Keiner wird in Zukunft nur mit einem Beruf leben können, sondern sich in dem immer rascheren sozialen und wirtschaftlichen Wechsel und Wandel auf neue Situationen einstellen müssen. Das gilt nicht nur in den verschiedenen Arbeitsbereichen, sondern auch für den ehelichen Umgang – bis hinein in die Sexualität. Nicht der eine ist immer der Aktive, und der andere muß die passive Rolle spielen. Jeder übt, auch das zu lernen, was ihm von der Neigung her nicht so liegt. Eine Rollenfixierung kann allerdings sehr bequem sein; man überträgt dem anderen ganze Bereiche des Lebens, entwickelt sich allerdings darin selbst nicht mehr weiter.

Ich habe ja viele Möglichkeiten in mir. Ich kann viele Rollen spielen. Sicher bestimme ich meine Rolle nach dem, was gerade bei mir dran ist, nach dem, was mir die besten Chancen zur Entfaltung bietet. Der Rollenwechsel findet bei mir immer erst dann statt, wenn ich merke, daß mir meine Haut zu eng wird, daß ich in etwas stecke, das mir nicht mehr entspricht.

– *Partnerschaftsfähig sein heißt auch, sich selbst treu sein.* Wenn nicht mehr die Institution oder eine andere feste Lebensform Sicherheit garantiert, ist es notwendig, eine andere Stabilität zu finden. Nur der ist zuverlässig, der seine Treue in einer Beziehung nicht von seinem Gegenüber abhängig macht, sondern von seiner eigenen Entscheidung, von seiner Wahl. Nur wer sich selbst treu ist, kann auch die Entwicklung des Partners geduldig und flexibel aushalten, ohne in Panik zu geraten.

Von Gott heißt es, daß er sich selbst treu ist. Darum wissen wir uns bei ihm gut aufgehoben. Wir fühlen uns bei ihm geborgen, weil er sein Verhalten uns gegenüber nicht von unserem Verhalten abhängig macht.

Diese Geborgenheit empfinde ich auch, wenn Wilhard sagt, daß er die Ehe mit mir leben will, unabhängig davon, wie ich mich verhalten werde.

Oft genug enttäuschen wir uns, tun uns weh, sind bedrohlich füreinander. Wir haben es nötig, uns abzugrenzen, um uns selbst treu bleiben zu können, um nicht ein Leben zu führen, das nicht zu uns selbst gehört und das nur aus Kompromissen besteht, die uns unfrei und unglücklich machen.

Ich möchte alles, was ich lebe, im Rahmen und im Schutze meiner Ehe leben. Umgekehrt möchte ich es Wilhard gönnen, alles zu tun, was er tun will, wenn es für ihn zu seiner Person gehört. Ich muß noch oft mit meiner Eifersucht kämpfen, aber ich bin entschlossen, ihm ein Leben zu ermöglichen, in dem er sich selbst wiederfindet.

Letztlich ist alles gemeinsam, was vom anderen nicht blockiert, sondern innerlich unterstützt wird. Ich möchte auch das Ungewohnte nicht voller Mißtrauen betrachten, sondern als Möglichkeit, uns selbst treu zu sein oder es zu werden – da, wo wir den Mut dazu vielleicht noch nicht hatten.

Unsere Treue zueinander ist nicht nur im Augenblick verankert, sondern auch in unserer gemeinsamen Geschichte. Sie ist ein Teil von uns, den wir nicht verleugnen.

Entwicklungsstufen
in der Ehe

So wie jeder lebendige Organismus seine Entwicklungen hat und damit auch seine Krisen und Anfälligkeiten, so hat auch die Ehe als organische Gemeinschaft von zwei Menschen ihre Entwicklungsphasen. Diese lassen sich nicht nach Jahren und Monaten festlegen wie in einem Lehrbuch über Säuglingswachstum, sondern sie sind Dimensionen des Lebens – Lebensräume, in denen unterschiedliche Erfahrungen gemacht werden und die aufeinander aufbauen, sich gegenseitig ergänzen und vertiefen. Wir verlassen die alten Räume, um sie später neu zu betreten und zu erleben.

So sind die hier beschriebenen Wachstumsräume nicht als Gesetze zu sehen. Ihre Schilderung soll dazu anregen, über den gegenwärtigen Stand der eigenen Partnerschaft nachzudenken und an der Vertiefung und Erweiterung der Beziehung zu arbeiten. Die fünf Stufen sind folgende:

Die Phase der Annäherung

Die symbiotische Verschmelzung

Die Krise des Vertrauens

Die Arbeitsphase

Verselbständigung der Partner und neue Begegnung

Die Phase der Annäherung

Es gibt vielleicht eine Liebe auf den ersten Blick, aber sicher nicht das Gelingen einer Ehe auf Anhieb. Die Ehe entfaltet sich erst in all den schönen und den schweren Prozessen, die zur Begegnung zweier Menschen gehören, die so verschieden sind, wie eben nur zwei Originale verschieden sein können. In welcher Form und in welchem Lebensraum auch immer der Anfang geschieht, er wird gekennzeichnet sein durch Unsicherheit einerseits und Faszination andererseits; durch Ängste, die uns zurückhalten, und durch Neugierde und Sehnsucht, die uns zum anderen hinziehen.

Die Zeit der ersten Begegnung mit dem Du ist faszinierend und kompliziert zugleich. Alle Sinne und Fähigkeiten sind hellwach, und das ganze Leben bekommt eine Qualität, wie sie etwa ein Forscher bei der Entdeckung einer neuen Welt erlebt, die noch nie jemand vor ihm betreten hat. Nicht viele Menschen können als erste in den Weltraum fliegen, den Mount Everest besteigen oder in der Tiefsee tauchen, aber alle können in der Liebe die Faszination einer Begegnung mit einem noch unbekannten Menschen erfahren.

Von Anfang an sind in einer Beziehung, die auch die Tiefenschichten der Gefühle erfaßt, entgegengesetzte Kräfte am Werk, die in einen Ausgleich zueinander kommen müssen. Die einen drängen zur Integration, zur Nähe, die anderen äußern sich in Aggressionen, welche notwendig sind, um die eigene Identität zu erhalten. Beide Kräfte gehören zu einer lebendigen Beziehung. Freud nennt den Integrationstrieb, der sich besonders in der Sexualität ausdrückt, »Libido«. In der Aggression zeigt sich das Bedürfnis nach Abgrenzung. Man empfindet den geliebten Menschen, gerade weil man von ihm so stark angezogen ist, auch als stärkste Bedrohung der eigenen Identität und stößt ihn zurück.

Zum Gelingen der Annäherungsphase gehört die Einsicht, daß die Schwierigkeiten nicht von außen kommen, sondern daß sie in jedem selbst verwurzelt sind und von innen her gelenkt werden müssen.

Bei mir hat in der Annäherungsphase die Faszination eindeutig die Oberhand. Wie in einem Spiel messe ich meine Kräfte. Gewinne ich, fühle ich mich in meinem Wertgefühl gestärkt; verliere ich, dann hilft mir das zu einer realistischeren Einschätzung meiner Person.

Jeder Impuls, der auf mich überspringt, ist für mich ein Anreiz zu dem Abenteuer, den anderen Menschen zu entdecken. Manchmal ist es das Gemeinsame, oft aber auch das total Andere, Ungelebte in mir.

Die symbiotische Verschmelzung

Nach der Annäherung kommt es meistens zu einer besonders starken Nähe und Verschmelzung. Dieses Erleben im Gefühlsbereich kann durch die Aufnahme des sexuellen Kontaktes auch körperlich zu einer tiefen Erfahrung der Symbiose werden.

Symbiotisch ist eine Beziehung, wenn beide Partner im Glück des völligen Verstehens und Ineinanderaufgehens meinen, nicht mehr ohne einander leben zu können. Solche Erlebnisse der Einswerdung sind wichtige Grundlagen für die Weiterentwicklung in der Ehe und in der Einzelpersönlichkeit. Sie haben für den Aufbau des Selbstwertes und der Geschlechtsrolle eine große Bedeutung. Die Umwelt tritt in diesem Stadium hinter der einen Überlegung zurück: Wo werden wir zwei Zeit für uns allein haben?

Solche Zeiten der starken Zuneigung sind aber auch besonders anfällig und bedürfen eines Schutzraumes, um nicht zu früh gestört zu werden. Ein Mann in Israel war, wenn er geheiratet hatte, ein Jahr lang vom Kriegsdienst befreit. Er sollte sich ganz seiner Frau widmen können. Schade, wenn gerade in dieser Zeit durch zwingende Verpflichtungen die Gelegenheiten zur Nähe eingeschränkt werden und diese Phase nicht intensiv genug erlebt wird. Schade auch, wenn der geschützte Raum nicht vorhanden ist und Störungen von seiten der Familie oder anderer Personen das Zusammensein und Verschmelzen hindern.

Es gehört zu den beglückenden Geschenken einer gelingenden Ehe, daß auch in späteren Lebensabschnitten solche symbiotischen Phasen immer wiederkehren können. Jede gelebte Symbiose ist im Grunde eine Rückerinnerung an die Urerfahrung des Einsseins mit der geliebten Mutter, in der das Urvertrauen begründet liegt. So wird sie zu einer Stärkung der Lebenskraft.

Ich habe den Eindruck, daß die Symbiose etwas in Mißkredit geraten ist. Der Begriff ist fast zu einem Schimpfwort geworden: »Du bist ja symbiotisch!« Das heißt so viel wie: Du bist ja aufdringlich, klebrig, lästig, maßlos! Du willst mich festhalten (krallen), vereinnahmen, vor Liebe auffressen.

In der Angst, so eingeschätzt zu werden, hat mir oft der Gedanke geholfen, daß ich mich an Gott so viel und so stark anklammern kann, wie ich will und mag, ohne »in die Bahn gewiesen« zu werden. Die Kunst liegt für mich darin, die Abgrenzung nicht als Ablehnung meiner Person anzusehen, sondern als die Angst des Distanztyps, sich in der Verschmelzung zu verlieren oder sich darin aufzulösen. Ich erlebe die Symbiose, dieses Ineinanderfließen, jedesmal als Chance für uns beide, wie ein Sich-Erneuern in der Liebe. Starrgewordenes löst sich; die Liebe zueinander wird in ihren tiefsten Schichten angerührt und gereinigt. Wenn ich nach dem Geschlechtsakt manchmal geweint habe, dann aus Erschütterung, aus einer Mischung von Glück und Schmerz. Dinge, die wir mit dem Kopf nicht klären konnten, lösten sich für mich im körperlichen Einswerden.

Die Krise des Vertrauens

Manchmal sind es äußere Anlässe, oft ist es aber auch einfach nur eine gewisse Absättigung der körperlichen Bedürfnisse und seelischen Anziehungskräfte, die eine erste Krise hervorrufen. Die Partner entdecken auf einmal, daß sie sich doch nicht so gut verstehen, wie sie gedacht hatten. Sie spüren die Unterschiedlichkeit ihrer Wünsche und Vorstellungen. Immer deutlicher zeigen sich Mangelerscheinungen, die jedem durch die Andersartigkeit des Partners aufgezwungen werden. Gewohnheiten und Bequemlichkeiten, auf die man in der symbiotischen Zeit gern verzichtete, melden plötzlich wieder ihr Recht an. Aber auch Alltagssorgen – anstehende Entscheidungen, Geldprobleme oder unterschiedliche Auffassungen über Freunde und Bekannte – führen zu einer Ernüchterung. Es ist wie nach einem Rausch.

Bei manchen Paaren geschieht das erst nach vielen Jahren, weil sie beispielsweise mit dem Aufbau der Existenz oder mit ihren Kindern allzu beschäftigt sind. Aber die Entdeckung der störenden Unterschiede im Verhalten, in den vorhandenen Denkmustern und Lebenseinstellungen ist unvermeidlich und notwendig, wenn die Ehe an Tiefe gewinnen soll.

Die Unterschiedlichkeit ist ja nicht nur störend, sondern auch sehr bereichernd, wenn sie akzeptiert wird. Aber oft sträuben sich die Partner dagegen und verlangen nach den Zeiten der Verschmelzung und Harmonie zurück. Meist rühren die Enttäuschungen aus den unterschiedlichen Bedürfnissen nach sexuellem Kontakt. Aber auch unterschiedliche Schlaf- und Essensgewohnheiten, Geschmacksfragen und Erziehungsfragen verursachen Mißverstehen und Resignation. Ein besonders häufiger Grund zu Auseinandersetzungen und Meinungsverschiedenheiten ist das Geld und die Art, damit umzugehen.

Noch tiefer reichen die kritischen Auseinandersetzungen, wenn es sich um die Entdeckung der charakterlichen Unterschiede handelt, um die Art und Unart des anderen, die jetzt zunehmend stört. Manche Gewohnheiten, die anfangs noch als nett, interessant oder originell empfunden wurden, erzeugen nun Abneigung. Auch die eigenen spezifischen Interessen treten stärker hervor und stören die Eintracht.

Wer in dieser Zeit der Enttäuschung vom anderen wegläuft, um in eine andere symbiotische Beziehung zu flüchten, der flieht vor der Reife und vor neuen wertvollen Erfahrungen, die erst nach der kritischen Auseinandersetzung gemacht werden können.

Manche erleben diese Enttäuschungen wie einen Vertrauensbruch. Sie sind tief erschüttert, fühlen sich getäuscht und betrogen, weil sie spüren, daß das, was sie als Liebe empfunden haben, nur Verliebtheit gewesen ist, eine erotische Faszination, die nicht ausreicht, um Spannungen und Belastungen zu ertragen. Je unreifer die Persönlichkeit zu Beginn der Begegnung war, desto tiefer wird hier die Ernüchterung sein.

Ich war einundzwanzig, als wir heirateten – sehr verliebt und romantisch, sehr unfertig, aber eben »mit einem Herzen voller Liebe«.

Unsere Vorstellungen von Liebe sind bis heute unterschiedlich. Das ist wohl unsere größte Schwierigkeit, weil keiner in seinen Bedürfnissen beim anderen ganz auf seine Kosten kommt.

Ich wünschte zum Beispiel, mal einen ganzen Tag lang im Urlaub mit Wilhard im Bett zu verbringen! Aber schon ein Frühstück im Bett ist für ihn etwas Schreckliches (diese Krümel!).

Wenn er mir einen schönen Blumenstrauß bringt, dann möchte ich möglichst noch einen Kuß dazu.

Ich möchte ab und zu hören, daß er mich liebt; er zeigt es

mir anders: Er holt mich mit dem Auto ab, damit ich nicht im
Regen laufen muß, er ist pünktlich und zuverlässig, er hilft mir
gern (besonders gern in der Küche), er macht mir keine
Vorwürfe, wenn ich zu viel Geld ausgegeben habe – er ist
großzügig in jeder Beziehung. Er wird nie laut mir gegenüber.
Er akzeptiert mich, wie ich bin, aber wünschen würde er sich,
daß ich so zu ihm wäre, wie er zu mir ist. Trotzdem versuchen
wir, uns nicht mehr gegenseitig ändern zu wollen und dieses
ständige Feilschen aufzugeben, wer nun eigentlich die größere
Liebe hat. So können wir das, was uns aneinander gefällt,
besser genießen. Einiges wird uns dabei aber immer fremd
bleiben und nicht befriedigen.

Die Arbeitsphase

Nur wer die kritische Phase durchsteht, hat die Chance,
in einen neuen Lebensraum vorzudringen, in dem das
Vertrauen zueinander sich neu aufbaut und das Kennenlernen auf einer tieferen Ebene stattfindet. Die erlebte
Täuschung beruhte nicht auf einer Täuschung durch den
anderen, sondern auf einer Selbsttäuschung. Das Vertrauen wurde nicht gebrochen, sondern es war auf Mißverständnissen aufgebaut.

Arbeit an sich selbst ist das, was in der Psychologie
mit Rücknahme der Projektionen bezeichnet wird.
Frühe Bilder von Erfahrungen mit der Mutter werden
auf die Partnerin übertragen und umgekehrt Vaterbezie-
hungen auf den Partner. Der andere ist aber nicht so, wie
ich ihn durch meine Brille gesehen habe.

Arbeit an sich selbst heißt auch Einsicht in die eigene
Geschichte, in die verschiedenen Prägungen, die mein
Leben beeinflußt haben, in die Bedeutung der eigenen
Familie, aus der ich herausgewachsen bin, gegen die ich
mich aber vielleicht noch unbewußt wehre.

Die Arbeit besteht auch in der Einsicht in die eigenen

Gefühle, in die Kränkungen und Verletzungen, die nicht erst in der Ehe entstanden sind, sondern oft viel früher. Erst wenn ich mich selbst besser sehen gelernt habe und merke, daß die Mauern zwischen uns in *mir* aufgerichtet wurden, werde ich auch zunehmend in der Lage sein, den anderen besser zu erkennen.

Die Aufgabe dieses Abschnittes in der Ehe liegt aber auch darin, vieles miteinander zu tun, um so den Schatz an gemeinsamen guten Erfahrungen zu vergrößern. Gemeinsam Freunde zu gewinnen, ein Haus zu bauen, zu reisen, am Beruf des anderen Anteil zu nehmen sind Aktivitäten, die die Ehe stärken.

Miteinander arbeiten heißt darüber hinaus, sich Einblick gewähren in die inneren, bisher noch verschlossenen Räume der Angst und der Sehnsüchte, der unerfüllten Wünsche – ein Sich-Anvertrauen in der tiefsten Schicht des Miteinanderlebens.

Ich weiß nicht, ob wir unsere Krise durchgestanden hätten, wenn wir vorher nicht so viel miteinander getan hätten: Wir bekamen fünf Kinder und zogen sie groß, wir haben viele schöne Urlaube zusammen erlebt, wir hatten nur gemeinsame Freunde, wir standen in derselben kirchlichen Arbeit. Wir ließen uns miteinander auf das Experiment einer Lebensgemeinschaft in einem ökumenischen Zentrum ein. Wir erlebten dort besonders stark Freuden und Leiden miteinander und auch aneinander. Ein tragender Grund ist immer unser gemeinsamer Glaube gewesen. Zwar hat sich unsere Vorstellung von Gott im Laufe der Jahre gewandelt, aber vielleicht hat gerade das uns am meisten Mut gemacht, uns selbst auch zu wandeln.

Die Phase der Verselbständigung

Im Miteinander-Erleben und -Arbeiten ist eine neue Vertrauensbasis gewachsen, die die Möglichkeit eröffnet, nun auch wieder an die Verselbständigung der Partner zu denken. Ziel der Ehe ist ja, einander zu helfen, das zu werden, was als Anlage und Schöpfungsauftrag in jedem einzelnen begründet liegt. In dieser Phase entdeckt man vielleicht sein Hobby und bisher ungelebte Begabungen. Vielleicht gewinnt man auch eigene Freunde. Verselbständigung ist nicht Trennung und Distanzierung, obwohl das manchmal so aussehen mag, sondern ist Arbeit an der Ganzheit des einzelnen und an dem, was ihm allein möglich ist.

Es ist kein Zeichen von großem Vertrauen, alles nur noch miteinander zu tun, sondern ein gewachsenes tiefes Vertrauen zeigt sich gerade darin, dem anderen zu helfen, sein Eigenstes zu finden und zu erproben. Zur Verselbständigung gehört auch manchmal eine Trennung von bisher gemeinsamen Stilformen – unter Umständen sogar von Formen geistlichen Lebens. Vielleicht möchte der eine Partner stärker die kontemplative oder meditative Art als Ausgleich zu seinem beruflichen Engagement entwickeln, während der andere Partner die aktivere Lebensform für sich bevorzugt. Vielleicht widmet die Frau sich wieder stärker ihrem Beruf, während der Mann seine kreativen Seiten entdeckt.

In dieser Zeit ist es besonders wichtig, sich auszutauschen und über die auftauchenden Ängste oder Rivalitätsgefühle zu sprechen. Daß gerade in dieser Phase die Gefahr der Entfremdung liegen kann, ist verständlich. Manches Neue wird wie ein Nachholbedarf erlebt, und manche Selbständigkeit wird auf Kosten eines Partners überzogen. Außenbeziehungen können ein Übergewicht bekommen, so daß die innere Nähe zueinander leidet. Das muß zwar ernst genommen werden, ist aber kein Grund, sich wieder im Gewohnten einzubetten.

Das Ergebnis einer Verselbständigungsphase ist, wenn sie gelingt, ein Neuanfang in der ehelichen Beziehung, eine neue Annäherung mit allen schönen Erscheinungen der ersten Phase. Diese Begegnung liegt auf einer anderen Ebene als am Anfang, aber sie ist nicht weniger spannend und setzt den Kreislauf der Entwicklung miteinander neu in Bewegung (neue Symbiose, neue Krise, neue Arbeit aneinander, neue Verselbständigung). Eine Ehe wird nur da lebendig bleiben, wo sie nicht bleibt, wie sie ist.

Die Ehe ist ein Übungsfeld, Autonomie zu lernen, die beiden widerstrebenden Tendenzen in uns zu vereinen und als schöpferische Spannung zu leben. Es ist die Aufgabe, bei größtmöglicher Nähe die eigene Identität aufrechtzuerhalten oder auch aufzubauen, wenn sie vorher noch nicht vorhanden war.

Ich habe jahrelang einen hartnäckigen, aufreibenden Kampf darum geführt, möglichst alles mit Wilhard gemeinsam zu machen. Er fand die Zusammenarbeit mit mir ja auch gut – aber eben nur »auch« gut. Mein Bedürfnis ist immer gewesen, bei ihm den absoluten Vorrang vor anderen und anderem zu haben. Oft war ich eifersüchtig auf seine Arbeit, wenn ich den Eindruck hatte, daß sie ihm wichtiger wurde als ich. Ich war eifersüchtig auf die Zeit, die er anderen Menschen schenkte. Am eifersüchtigsten war ich natürlich, wenn ich meinte, sein Interesse an anderen Frauen sei größer als das Interesse an mir.

Es fiel mir einfach schwer, ihm die Freiheit zu geben, die wir auf der Suche nach der eigenen Identität brauchen. Die Leine, mit der wir unseren Partner anbinden wollen, kann noch so lang sein – es ist eben doch eine Leine, die ihm nicht gestattet, einen Weg einzuschlagen, den er für sich gehen möchte.

Wir haben uns geprüft: Ist unsere gegenseitige Liebe und Anziehungskraft stabil genug, daß wir es wagen können,

Freundschaften sowohl mit Männern als auch mit Frauen zu pflegen, die uns wohltun, anregen, ergänzen oder glücklich machen? Wir erleben das als eine gute Möglichkeit, aus dem Dilemma gegenseitiger Erwartungen aneinander herauszukommen. Das Glück unserer Ehe wird in dem Maß zunehmen, in dem jeder für sich optimal glücklich sein kann.

Verselbständigung? Warum nicht in der Ehe! Der heimliche Groll (ohne dich hätte ich mein Leben ganz anders und besser führen können«) wird auf diese Weise gegenstandslos.

Ich möchte mein Hobby (Modellieren) in diesem Jahr stärker ausbauen. Wilhard hat mir gerade einen kleinen Brennofen gekauft. Ich werde einige Unternehmungen ohne ihn machen. Wir haben seit einem Jahr für jeden von uns ein eigenes Zimmer. Wenn ich früher hörte, daß Eheleute getrennte Schlafzimmer haben, dann war das für mich mit denen schon kurz vor der Scheidung. Ein »eigenes Zimmer« ist aber etwas völlig anderes als ein »getrenntes Schlafzimmer«. Unser Bedürfnis nach Alleinseinkönnen ist bei jedem von uns gewachsen, und wir genießen diese Möglichkeit. Wir genießen dann auch, uns gegenseitig zu »besuchen«. Es ist alles nicht mehr so selbstverständlich zwischen uns, aber wir empfinden das durchaus nicht als Nachteil. Im Gegenteil ...

Der Charakter als Störenfried

Charaktervoll zu sein oder einen starken Charakter zu haben gilt allgemein als Vorzug. Ich verstehe aber hier Charakter in seinem ursprünglichen Wortsinn als Prägung oder Festlegung – als Fixierung auf ein bestimmtes Lebensmuster, als Verfestigung in starre Denk- und Erlebnisabläufe. Charakterstrukturen wären dann die Schienen, auf denen unser Leben verläuft und die nicht viel Bewegungsraum zur Entwicklung lassen.

Die Entwicklung dieser Strukturen hängt mit frühen Kindheitserlebnissen zusammen. Schon im Mutterleib erfahren wir in Enge und totaler Hilflosigkeit die Begegnung mit der Angst. Angst ist eines der stärksten Urgefühle. Ihre Bewältigung ist uns unser Leben lang aufgegeben.

Jedes Kind reagiert je nach Umwelt und Lebensbedingungen, in die es hineingeboren wird, unterschiedlich auf die jeweils angstmachende Situation. Anlage und körperliche Kondition spielen dabei sicher eine wesentliche Rolle. Irgendwie lernt jeder im Laufe seines Lebens, mit der Angst umzugehen und sie in sein Lebenskonzept einzubauen. Dabei entwickelt er seine Struktur.

Entscheidend ist bei diesem Prozeß der Angstbewältigung die Prägung durch die Eltern beziehungsweise durch die ersten Beziehungspersonen. Wenn wir als völlig hilflose Wesen auf die Welt kommen, hängt alles davon ab, wie wir auf- und angenommen werden. Diese Erfahrungen in den ersten sechs Lebensjahren prägen unser Erleben und Verhalten so tiefgreifend, daß dabei unsere spezifische Art zu leben vorprogrammiert wird.

Charakter wäre nach dieser Definition eine Bezeichnung für die Abwehrmechanismen, die wir gegen die Angst und die Unterlegenheitsgefühle aufbauen, die uns sonst überwältigen würden. Aber auch Anpassung und Lustgewinn, Sicherheit und Anerkennung sind Grundbedürfnisse, die sich in uns ausprägen und unseren Charakter bilden. Es entstehen die eigenen Begabungen und Muster, mit mir selbst und mit meiner Welt umzugehen. Das System, das wir zur Abwehr unserer Ängste aufbauen, wird zu unserer Stärke und kann sich im Leben als sehr nützlich erweisen. Was mich zum Beispiel als Verlustangst zu verschlingen droht, kann in mir die Begabung wecken, Kontakte zu schließen, Bindungen einzugehen und Nähe und Wärme zu schenken.

Verlaufen diese »Stärken« bei den Partnern entgegengesetzt, können sie die Ehe zunehmend belasten und stören. Wenn am Anfang nach dem Motto »Gegensätze ziehen sich an« die Unterschiede vielleicht sogar eine gewisse Faszination ausüben, werden sie auf die Länge der Zeit und mit wachsender Abhängigkeit zur Last. Jeder hat entsprechend seiner Charakterstruktur eine so spezifische Art zu denken, zu wollen und zu fühlen, daß es dem Partner mit einer Gegenstruktur schwerfällt, mit der tiefgreifenden Unterschiedlichkeit zurechtzukommen.

Unser Leben wird durch unsere Struktur so stark bestimmt, daß wir uns auch in der Art zu genießen, uns zu freuen, zu streiten und zu lieben voneinander wesentlich unterscheiden. Sogar unsere Art zu glauben wird dadurch beeinflußt.

Daß die Unterschiede zwischen Menschen so groß sind, wird in der Ehe besonders deutlich und zu einer Herausforderung. Wer an der Verbesserung seiner ehelichen Beziehung arbeiten will, wird sich zunächst einmal mit sich und seiner Struktur vertraut machen müssen. Ich weiß ja normalerweise nur, wie ich denke, empfinde und reagiere, und halte meine Art für normal und verständlich. Erst wenn ich den Zusammenhang zwischen meinen Ängsten und ungestillten Bedürfnissen und meiner Art erkenne, kann ich auch anfangen, den anderen in seiner Andersartigkeit zu sehen und ernst zu nehmen.

Ich beschreibe im folgenden Abschnitt die vier Grundstrukturen des Charakters nach vier Gesichtspunkten: die Auswirkung des Charakters im Bereich der Begabung, der Aggressionen, der Wünsche und Bedürfnisse und der Angst. Die Grundstrukturen sollen in ihrer extremen Ausformung beschrieben werden. Das ermöglicht eine kürzere Darstellung. Erscheinungsformen, die für die Ehe relevant sind, werden dabei besonders berücksichtigt. Es ergibt sich von daher eine gewisse Einseitigkeit. Es gibt keine »reinen« Charaktere, sondern in jeder Person sind alle vier Strukturen vorhanden, wenn auch unterschiedlich stark ausgeprägt.

Die Distanzstruktur

Begabung

Ein Mensch mit dieser Struktur ist erkennbar an seiner Wachheit und Weltoffenheit. Er beobachtet alles besonders interessiert. Sein Drang, den Dingen auf den Grund zu gehen, sie zu verstehen und zu erforschen, ist sehr ausgeprägt. Er hat die Fähigkeit, sachlich zu reagieren und Dinge und Situationen von außen distanziert zu betrachten. Der so Begabte kann relativ schnell seine Meinung und seinen Standort wechseln. Er läßt sich nicht gern festlegen, denn er ist in der Lage, auch die andere Seite zu sehen und zu vertreten. Er kann sich rasch in eine andere Person hineindenken. Er zieht sich leicht von seinen Gefühlen in eine sachliche Distanz zurück. Jeder Forscher hat etwas von dieser Struktur.

Aggression

Wer Aggressionen nur als direkten Angriff versteht, wird bei diesem Typ wenig Aggressionen entdecken. Und doch sind diese vorhanden. Sie erscheinen nur in ihrer Umkehr als Rückzug, als Flucht. Der Angriff wird nicht mit einem offenen Gegenangriff beantwortet, sondern mit Verweigerung, vielleicht auch mit Ironie und Sarkasmus. Damit hält man sich den Gegner vom Leibe. Mancher Distanztyp hat eine von anderen als abwertend erlebte Überlegenheit an sich. In dieser Art von Aggression werden die Gefühle abgeschaltet und verdrängt. Fühlt sich so ein Mensch permanent angegriffen, kann sein Rückzug bis zur Vereinsamung und Einsiedelei führen. Er wird sich normalerweise jedem Angriff – und damit jeder Herausforderung – entziehen, um möglichst wenig Angriffsfläche zu bieten.

Sehnsucht – Wunsch – Bedürfnis

Das tiefste Bedürfnis ist, verstanden zu werden. In diesem Wunsch liegt aber schon die Besorgnis, zu rasch verstanden und damit wieder festgelegt zu werden. Distanztypen wünschen sich, daß man auf sie eingeht und möglichst ohne Angriffe und Vorwürfe mit ihnen umgeht. Sie sind sehr dünnhäutig und können zu große Nähe und Dichte nicht ertragen. Dabei wünschen sie sich auch Gemeinschaft und Nähe, aber sie möchten diese gern selbst bestimmen und brauchen immer einen freien Fluchtweg, um sich allzu großer Vereinnahmung entziehen zu können. Hierin zeigt sich ihre Angst.

Die Angst liegt darin, überwältigt und verhaftet zu werden. Es ist die Angst vor zu großer Nähe, vor vereinnahmender Berührung – die Angst, festgehalten zu werden und damit nicht mehr selbständig sein zu können, eventuell zu Gefühlen gezwungen zu werden (vor denen sich der Distanztyp am meisten fürchtet). Es ist auch die Angst, überschwemmt zu werden, wenn die eigenen Gefühle einmal voll ausbrechen. Auch die Angst, daß man ihn geistig in ein Schema preßt oder methodisch fixiert, ist stark ausgeprägt. Zutiefst sitzt das Gefühl, keine Lebensberechtigung zu haben. Der Distanztyp leidet häufig unter einem Identitätsmangel. Die angstvolle Frage: »Wer bin ich eigentlich?« oder »Was will ich eigentlich?« treibt ihn um. Sein Gegentyp ist der Mensch mit der Nähestruktur.

Die Nähestruktur

Begabung

Nähetypen haben ein starkes Mitgefühl. Sie strahlen Wärme aus. In ihrer Nähe fühlt man sich im allgemeinen wohl. Sie sind gemeinschaftsfreudig und bilden selbst gern Gemeinschaften. Ihre Bindungsfähigkeit und ihr Bindungsbedürfnis sind ausgeprägt. Ihre Gefühle erleben sie stark und tief. Sie können sich gut einfühlen und sind gern für andere da – fürsorglich und mit großer Geduld im Tragen und Ertragen. Häufig finden wir sie deshalb in helfenden, sozialen Berufen; dort können sie ihr Nähebedürfnis gut ausleben.

Aggression

In diesem Bereich sind sie sehr typisch. Sie agieren das aus, was wir eigentlich unter dem Wort Aggression verstehen: Sie greifen an, sie machen Vorwürfe, sie lassen andere ihren Ärger und ihre Wut spüren. Sie haben einen hohen Erwartungsanspruch und neigen dazu, ihre Umwelt zu beschlagnahmen und festzuhalten. Das Ziel ihrer Aggression ist eigentlich nicht, den anderen zu vertreiben, sondern ihn für sich zu gewinnen. Sie neigen dazu, leicht beleidigt zu sein und Kränkungen besonders tief zu empfinden. Ihre Art ist laut und verletzend, wenn sie ihre Aggressionen äußern. Sie neigen zu Eifersucht und können in ihren Ansprüchen an Nähe maßlos sein.

Sehnsucht – Wunsch – Bedürfnis

Ihr Hauptbedürfnis ist Nähe; es ist ein Bedürfnis nach Ganzheit – die Sehnsucht, mit dem geliebten Partner eins zu werden und für ihn ein und alles zu sein. Sie haben eine große Hingabefähigkeit, da sie damit dem Wunsch nach Verschmelzung am nächsten kommen. Sie möchten besitzen (vereinnahmen) und selbst auch besessen (vereinnahmt) werden.

Angst

Ihre größte Angst ist die, verlassen zu werden. Es ist die Angst vor Wärmeverlust, davor, allein zu sein und den Partner an einen anderen Menschen zu verlieren. Diese Angst macht den Nähetyp oft sehr eifersüchtig und bewirkt dadurch gerade das, was er am meisten fürchtet: nämlich den Verlust von Nähe.

Die Ordnungsstruktur

Begabung

Ordnungstypen haben ein besonderes Verantwortungs-
bewußtsein. Sie sind zuverlässig, und man kann sie
rasch motivieren, mitzuarbeiten und für andere Verantwortung zu übernehmen. Sie haben eine Begabung zum
Planen und zum Organisieren. Oft zeichnen sie sich
durch besondere Zielstrebigkeit und Gewissenhaftigkeit
aus. Ihr Gewissen ist äußerst empfindlich. Sie sind
ausdauernd und möchten das Bestehende erhalten und
bewahren. In der Gemeinschaft sorgen sie dafür, daß
keiner übersehen wird oder verlorengeht. Sie stellen die
Ordnung wieder her, wo etwas in Unordnung geraten
ist, und behalten den Überblick – auch in finanzieller
Hinsicht.

Aggression

Sie neigen zur Rechthaberei und sind leicht erkennbar
an einem besonderen Hang zum Kritisieren. Ihr gutes
Gedächtnis liefert ihnen genug Gründe zu Beanstandun-
gen, wenn etwas nicht so läuft, wie es »eigentlich laufen
sollte«. Sie haben oft ein autoritäres Verhalten an sich
und können sehr unduldsam werden. Sie besitzen eine
starke Neigung zum Moralisieren und zum Generalisie-
ren. Sie sind nachtragend und können mit ihrer Art der
Aggression leicht die Atmosphäre vergiften und dadurch
die Gemeinschaft beeinträchtigen und stören.

Sehnsucht – Wunsch – Bedürfnis

Ihr Bedürfnis ist es, geordnete Verhältnisse zu haben. Sie
möchten in allem klarsehen und in klaren Beziehungen
stehen. Sie sind besorgt um ein gutes Einvernehmen mit
jedermann. Sie sehnen sich nach Sicherheit und sind
bereit, viel dafür einzusetzen, mit anderen in Ordnung

zu kommen. Sie wünschen sich Frieden und Harmonie und haben erst wieder Ruhe, wenn alles im Gespräch ausgesprochen und geklärt ist.

Angst

Sie fürchten die Verunsicherung durch Chaos. Da, wo der Weg nicht mehr sichtbar ist und die Verhältnisse unüberschaubar sind, bekommen sie Panikgefühle. Ihre tiefste Angst ist die, nicht in Ordnung zu sein und dadurch Liebesverlust zu erleben und ausgestoßen zu werden. Aus dieser Angst vor Isolierung versuchen sie oft, das »liebe Kind« zu spielen oder sich dauernd zu rechtfertigen.

Die Freiheitsstruktur

Begabung

Spontaneität und Initiative sind hervorstechende Begabungen dieser Struktur. Freiheitstypen sind begeisterungsfähig und können sich rasch für einen Menschen oder für eine Sache erwärmen. Sie haben häufig künstlerische Fähigkeiten, sind schöpferisch und experimentierfreudig. Ihre Begabung fällt ins Auge und wird von ihnen auch gern dargestellt. Sie können gut eine Rolle spielen. Die meisten Schauspieler haben diese Struktur.

Aggression

In ihrer Aggression neigen sie zum Dramatisieren und Übertreiben. Da sie manchmal an Realitätsverlust leiden, können sie Behauptungen aufstellen, die einer nüchternen Prüfung nicht standhalten. Sie neigen zur Rücksichtslosigkeit. Fehler machen immer die anderen. Sie sind konsequent, wenn es um andere geht, dagegen sehr inkonsequent, wenn es sie selbst betrifft. Sie kom-

men häufig zu spät oder gehen früher, um ihre Wichtig-
keit zu demonstrieren. Sie agieren immer vor einem
unsichtbaren Publikum.

Sehnsucht – Wunsch – Bedürfnis

Ihre Sehnsucht ist ein buntes, volles Leben. Sie sehnen
sich nach Bewunderung und Applaus. Sie verstehen es,
dem Leben die schönen Seiten abzugewinnen. Sie wünschen sich eine Sonderrolle und besondere Beachtung.

Angst

Der Freiheitstyp hat die Angst, nicht beachtet und
gleichgültig behandelt zu werden oder unbedeutend zu
sein. Er läßt sich auf gar keinen Fall vereinnahmen. In
bezug auf seine Geschlechtsrolle ist dieser Typ stark
verunsichert. Eine tiefe Angst steckt in ihm, als Mann
oder als Frau zu versagen.

*Ich habe das mit den Strukturen oft gehört und auch
interessant gefunden, jedoch erst nach und nach begriffen, was
das Ganze für unser Zusammenleben bedeutet. Jahrelang ging
es bei uns: »Typisch Nähe! Typisch Distanz!« oder »Du mit
deinen übertriebenen Ordnungsanteilen!« oder »echt Freiheitstyp!«. Das waren fast Schimpfwörter. In mir wuchs ein Wider-
stand gegen diese ganze Strukturenlehre. »Der Strukturen-
Becker« hörte ich mal jemanden sagen. Die positiven Seiten
meiner Struktur kamen dabei kaum vor, denn da wir meistens
nur bei Schwierigkeiten über dieses Thema sprachen, ging es
eben in erster Linie um die negativen Seiten. Das verdarb mir
gründlich den Spaß daran.*

*Die Angst, manipuliert zu werden und mich aufgeben zu
müssen, beschlich mich. Im Grunde möchte ich in meiner Art
bestätigt werden, und alles Anderssein von Wilhard verunsichert mich. Ich gerate so leicht in Verteidigungsstellung. Ich
muß immer beweisen, daß ich ein Recht habe, so zu sein, wie*

ich bin. Ich möchte nicht, daß mir etwas abgenommen wird, das zu mir gehört. Langsam spüre ich, daß ich alles behalten darf, daß im Gegenteil ein Angebot besteht, dazuzunehmen: Ich sehe und erlebe die Welt nur so, wie sie durch meine Struktur gefärbt ist, und ich kann auch andere Farben neu kennenlernen und neu erleben. Ich trage meine Begrenzungen in mir, aber ich bekomme die Möglichkeit, meine Grenzen zu erweitern. Die ganze Wirklichkeit ist viel größer als meine eigene kleine Wirklichkeit. Ich möchte in die ganze Wirklichkeit hineinwachsen.

Es ist so entscheidend, die Wirklichkeit von Wilhard kennenzulernen, aber da ist noch meine Angst, beim Reden den kürzeren zu ziehen. Wilhard hat immer die besseren Argumente. Er ist der Fachmann. Er wird es immer besser wissen. Ich komme gegen ihn nicht an.

Statt meine Angst auszusprechen, schlage ich um mich. Aber jedesmal, wenn ich zu ihm über meine Angst sprechen kann, geschieht etwas Wunderbares: Ich werde nicht als

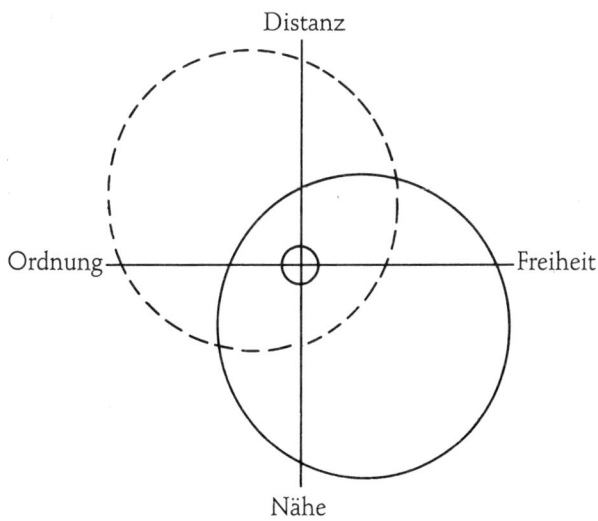

Schwächling behandelt, sondern ich erfahre Verständnis, Wohlwollen, Liebe. Meine tiefste Angst – die Angst, nicht geliebt zu sein – verschwindet, und aus dieser Sicherheit heraus kann ich den Vorhang, den ich schützend vor mein Inneres gezogen habe, zurückschieben und Wilhard bitten, einzutreten.

Sicher hat sich jeder in der Beschreibung der Charakterstrukturen mehr oder weniger stark wiederfinden können. Es gibt also keine wertvollen und weniger wertvollen Strukturen; jede hat angenehme und weniger angenehme Seiten. Es geht dabei nicht um eine moralische Bewertung, sondern darum, daß ein Partner den anderen in seinen Begabungen, in seiner Art zu agieren, in seinen Wünschen und Bedürfnissen und in seiner ihm eigenen Angst kennen- und verstehenlernt.

Das Koordinatensystem kann uns unsere Verschiedenartigkeit recht anschaulich machen. Beide Partner markieren ihre Strukturanteile auf den vier Linien des Koordinatenkreuzes durch einen Punkt. Verbinde ich meine eingetragenen Punkte miteinander, so entsteht – vom Mittelpunkt aus gesehen – ein etwas schiefer Kreis. (Meist sieht er aus wie ein Rad, das eiert.) Nur im Ausnahmefall sind alle Strukturen so gleichmäßig ausgeprägt, daß ein schöner, runder Kreis beim Zeichnen entsteht. Menschen, die von allen Strukturen gleiche Anteile haben, leiden manchmal unter einem Mangel an Dynamik, denn gerade die extremen Seiten unserer Persönlichkeit machen uns auch interessant. Nur wenn sie sich in einer Ehe zu extrem auswirken, ist das Zusammenleben auf Dauer schwierig. Ich muß aber die andere, mir fremde Art nicht abwehren, sondern kann die für mich wertvollen Seiten in mich hineinnehmen und entwickeln.

Ich kann als Nähetyp, der stark vom Nähebedürfnis geprägt ist, die Fähigkeit zu größerer Distanz entwickeln oder als extremer Ordnungstyp lernen, mit Freiheit umzugehen und diese Anteile dazuzugewinnen. So erweitere ich meine Persönlichkeit. Tun das beide Partner, erweitern und vertiefen sie damit auch ihre Ehe und gewinnen die Fähigkeit, das Fehlende in sich zu entdecken, statt es vom anderen zu erwarten.

Die Bedeutung der Elternehe

Die tiefsten Prägungen in unserem Leben geschehen in einer Zeit, in die unser Erinnerungsvermögen nicht mehr hineinreicht. Von der Geburt bis zum Alter von etwa drei Jahren nehmen wir Eindrücke auf, die sich so tief in unser Unbewußtes eingraben, daß sie dort zu einer autonomen Wirkung kommen. Kritik- und widerstandlos sind wir den Prägungen von seiten der Eltern ausgesetzt. Alles, was wir erleben, ist erstmalig; alles, was wir sehen und hören, ist für uns das einzig Mögliche, denn die Eltern sind für das Kleinkind die einzige Wirklichkeit. Die Welt der Eltern wird prägend für die Vorstellungen, Erwartungen und Reaktionen des Kindes. Alles wird aufgenommen und in der Seele gespeichert wie in einem Computer.

Wenn Heranwachsende später ihre Eltern kritisch sehen lernen und merken, was diese falsch machen, können sie sich dagegen wehren – vielleicht sogar beschließen, nie so zu werden –, aber sie fixieren sich damit auch auf das elterliche Verhalten, nur im umgekehrten Sinne. Es entsteht eine Gegenabhängigkeit (Konterdependenz). Manches Verhalten wird dann später nur deshalb geübt, weil man genau das Gegenteil von dem machen will, was man zu Hause als abschreckendes Beispiel erlebt hat. Es ist also nicht entscheidend, ob das Vorbild positiv nachgeahmt oder negativ abgewehrt wird – in beiden Fällen ist es beeinflussend und bestimmend.

Deshalb kann es in Krisenzeiten der Partnerschaft

nützlich sein, einmal über diese Zusammenhänge und Prägungen nachzudenken und zu überlegen, welche Rolle sie für das eigene Verhalten spielen.

Prägungen sind kein Unglück, wenn sie entdeckt und in ihrer Wirkung durchschaut werden. Man wird sie sich nicht gegenseitig vorwerfen, sondern sich darüber klar-zuwerden versuchen, was man davon in der eigenen Ehe beibehalten möchte und was nicht. Die positiven Prägungen können ebenso stark sein wie die negativen. Es gibt gute, heilige Traditionen, Gewohnheiten und Verhaltensweisen, die lebensfördernd sind und auch in der eigenen Ehe eine bewahrende Kraft haben.

Kinder aus Scheidungsehen neigen dazu, sich sehr früh zu binden, um so die verlorene Sicherheit und Geborgenheit in einer eigenen Partnerschaft und Familie zu finden. Dabei kommt es oft zu unreifen Bindungen, die dann nicht halten. Es hat den Anschein, als ob sich Scheidungen regelrecht vererben; in Wirklichkeit wird aber nur das Verhalten tradiert, nicht die Scheidung. Aber das Verhalten, das bei den Eltern zur Scheidung führte, kann bei Wiederholung in der eigenen Ehe das-selbe bewirken.

Häufig tauchen erst um die vierziger Jahre herum diese Prägungen wieder auf. Die Abwehr gegen das negativ empfundene Verhalten der Eltern hat dann nach-gelassen, und das alte Muster setzt sich unbewußt wie-der durch. Der Rat, den man früher jungen Männern auf Freiersfüßen gab, lautete, sich ihre zukünftige Schwie-germutter nur genau anzusehen. Dieser Rat ist gar nicht so dumm, und sicher trifft er ebenso auf die Schwieger-väter zu!

Vielleicht ist es hilfreich, wenn Sie sich an einem freien Abend einmal ganz entspannt zu Ihrem Partner setzen und die folgenden Fragen zusammen durchge-hen. Bitte versuchen Sie dabei möglichst keine Wertun-gen vorzunehmen, sondern sachliche Feststellungen zu treffen. Bei allem Ernst der Sache darf sogar ab und zu gelacht werden!

Lassen Sie sich genügend Zeit. Wenn Sie an einem Abend nicht fertig werden, dann ist das ein guter Anfang gewesen.

Fragen an die Elternehe

1. Wurden Auseinandersetzungen offen ausgetragen, oder wurde harmonisiert? . . . .
2. War Krankheit ein Symptom für unausgesprochene Konflikte? . . . .
3. Lebten die Eltern ganz auf sich bezogen? . . . .
4. Wer lebte für den anderen? . . . .
5. Wer setzte sich auf Kosten des anderen durch? . . . . . .
6. Waren die Eltern immer nur für andere da? . . . .
7. Hatten sie viele Freunde? . . . .
8. Wie wurde über diese gesprochen? . . . .
9. Wie war ihre Einstellung zu Kindern? . . . .
10. Durfte die Wohnung »benutzt« werden, oder hatte man Angst, daß diese schmutzig werden könnte? . . .
11. War Ordnung ein Streitpunkt in der Familie? . . . .
12. Wie waren die moralischen Wertungen? . . . .
13. Welche Rolle spielte das religiöse Leben? . . . .
14. Was für einen Geschmack hatten die Eltern in bezug auf die Einrichtung der Wohnung, der Kleidung, der Bücher? . . . .
15. Legten sie Wert auf gutes Aussehen, oder war ihnen das gleichgültig? . . . .
16. Wer setzte seinen Geschmack durch? . . . .
17. Wer dominierte auf welchem Gebiet? . . . .
18. Wer initiierte Gespräche, Unternehmungen? . . . .
19. Wie war ihr Umgang mit Geld? Großzügig oder kleinlich? . . . .
20. Waren sie sehr auf Gewinn aus? . . . .

21. Waren sie sehr auf Prestige bedacht? . . . .
22. Wie wichtig waren Stimmungen? . . . .
23. Wie war die Einstellung der Eltern zueinander? . . . . .
24. Haben sie sich gegenseitig geachtet oder heimlich verachtet? . . . .
25. Wie sprach einer über den anderen in Gegenwart der Kinder? . . . .
26. Spürte man ihnen ihre Zuneigung an? . . . .
27. Wie ging man miteinander um: . . . .
    a) laut oder zärtlich? . . . .
    b) sich durchsetzend oder nachgiebig? . . . .
    c) engherzig-distanziert oder großzügig-offen? . . . . .
    d) tierisch-ernst oder heiter-humorvoll? . . . .

1. Durchgang: Fragen an die Elternehe beantworten
2. Durchgang: Fragen an die eigene Ehe stellen und beantworten
3. Durchgang: Fragen mit einem anderen Paar oder mit Freunden, auf die wir Wert legen, durchgehen und ihre Meinung über unsere Ehe anhören

Das Skript

Gute und schlechte Prophezeiungen

Manche Bemerkungen von Eltern, Lehrern oder anderen Autoritäten aus unserer Kindheit haften fest in unserem Gedächtnis und ziehen sich wie ein unsichtbares und doch sehr wirksames Manuskript durch das Leben. Es ist, als sei ständig ein innerer Souffleur am Werk, der mir sagt, was ich zu tun und zu lassen habe, was richtig ist und was falsch, ob ich ein Gewinner oder ein Verlierer bin. Nicht immer sind die Entstehungsgeschichten solcher Skripteinprägungen datierbar; wichtig ist nur, daß sie entlarvt werden und ich ihre meist unheilvolle Wirkung in meinem Leben und Verhalten entdecke. Es gibt auch positive, ermutigende Botschaften: »Du wirst es schon schaffen – du bist ein toller Kerl – du bist hübsch und begabt – es steckt viel in dir«, die wie eine positive Grundströmung die Lebenseinstellung beeinflussen. Wenn wir Störungen in der Partnerschaft aufdecken wollen, müssen wir uns allerdings mit den negativen Botschaften befassen. Diese haben auch dann noch ihre Wirkung, wenn die Eltern längst nicht mehr leben oder inzwischen eine ganz andere Meinung vertreten.

Ich möchte ein paar häufig wiederkehrende negative Botschaften nennen: »Was du auch anfaßt, machst du kaputt – aus dir wird nie etwas Gescheites werden – du schaffst es doch nicht – du wirst schon sehen, wohin das führt – laß das, das kannst du nicht – du bist hier überflüssig – du hast zwei linke Hände – für Sprachen bist du einfach unbegabt – du denkst zu langsam – du bist meine größte Enttäuschung – du machst mich krank

– du bist ein Nagel zu meinem Sarg – du bringst mich noch unter die Erde ...« Oder geschlechtsspezifische Botschaften wie: »Mädchen tun so etwas nicht – ein Junge weint doch nicht – Männer wollen immer das eine – wir hatten uns eigentlich einen Jungen gewünscht, aber dann bist du eben gekommen ...«

Aus solchen Botschaften bilden sich negative Ich-Überzeugungen wie: »Ich bin eben ein Pechvogel – ich kann das nicht – ich bin zu dumm dazu – auf mich kommt es doch nicht an – ich bin ein Versager – so etwas kann auch nur mir passieren ...«

Solche Überzeugungen haben eine unheilvolle Wirkung. Sie sind Prophezeiungen, die sich selbst erfüllen, weil wir – bewußt oder unbewußt – daran glauben und sie damit herbeiführen und bestätigen. Selbst wenn der äußere Lebensverlauf das Gegenteil der Botschaft zu beweisen scheint, erlebt der Betroffene sie doch als seine eigentliche Wirklichkeit. Sein Lebensgefühl und seine Haltung sind davon bestimmt.

Eine stark prägende Wirkung haben auch Erlebnisse aus besonders kritischen Entwicklungsphasen, die sich später in ähnlichen Situationen lebenshemmend auswirken. In der Partnerschaft ist das sehr oft im sexuellen Bereich der Fall. Verführungen, unreife sexuelle Erlebnisse, mit Schuldgefühlen verbundene sexuelle Spielereien oder Vergewaltigung können einen Menschen erlebnisunfähig machen.

Wenn man einen Erwachsenen spontan fragt, welches Märchen oder Kinderlied ihn in seiner Kindheit am stärksten beeindruckt hat, kann man aus seiner Antwort wichtige Schlüsse ziehen; oft bilden die Hauptfiguren dieser Märchen das unbewußte Vorbild, nach dem er sich selbst und seine Umwelt erlebt.

Zum Beispiel Dornröschen, das immer darauf wartet, daß endlich der erlösende Prinz kommt. Das ganze Leben wird träumend erlebt und die Aktivität und Entwicklung gerade im Bereich des Frauseins dabei vernachlässigt (»ich kann nichts dafür tun – ich muß warten, bis der Richtige kommt«).

Oder das Aschenputtel. Es fühlt sich leicht in der Rolle des Mädchens, das ausgenutzt und benachteiligt wird. Es lebt in der stillen Hoffnung, daß endlich jemand kommt, der das Unrecht aufdeckt, der die eigentlichen Werte in ihm freilegt und ihm die Rolle gibt, für die es geboren ist.

Bei Schneewittchen ist die Beziehung zur Mutter (es muß nicht immer die Stiefmutter sein) besonders wichtig: die neidische, böse Frau, die dem Mädchen scheinbar nach dem Leben trachtet. Es ist die Eifersucht zwischen Mutter und Tochter. Das Grundgefühl ist hier: »Mir wird Unrecht getan. Ich bin ein unschuldiges Opfer. Wer erlöst mich von dieser bösen Macht, die mir das Leben nicht gönnt?«

Der Däumling ist zwar klein und fühlt sich klein, aber er ist doch immer der Erfolgreiche, der in seiner Phantasiewelt allen anderen vorauseilt. Er wünscht sich auch, daß jemand entdecken möge, daß er kein Kleiner, sondern eigentlich ein Großer ist.

Der Jüngste, der von allen Brüdern doch der Schlauste ist, ist auch so eine innere Figur.

Es kann sehr wertvoll sein, anhand von Märchen seine eigene Rolle zu entdecken und sich dann bewußt davon zu lösen, in die Wirklichkeit zu treten und nicht in Märchenvorstellungen steckenzubleiben. Das ist nicht nur ein intellektueller Vorgang, sondern er bedarf der Entschlossenheit der ganzen Person, denn von Natur aus wehren wir uns gegen jede Veränderung. In den meisten Fällen können wir uns erst dazu entschließen, wenn der Leidensdruck sehr groß wird. Der gute Rat allein genügt aber nicht, sich von lebenshindernden Einstellungen zu lösen, sondern erst die Arbeit an sich selbst und aneinander hilft weiter.

Wie bunte Perlen reihen sich Märchen, Lieder, Erlebnisse und Sätze aus der Kindheit, aus meiner Mädchenzeit und der Zeit der Ehe auf meine Lebensschnur. Ihre Farbe wird noch kräftiger durch meine Lieblingsbücher, durch Erzählungen meiner Eltern von früher und durch Photos von mir, die für mich überzeugend meine Struktur und mein Lebensgefühl unterstreichen.

Meine erste Kindheitserinnerung ist eine Szene im Badezimmer. Ich muß drei bis vier Jahre alt gewesen sein, komme verschlafen dort hinein und sehe, wie meine um ein Jahr ältere Schwester für eine Hochzeit zurechtgemacht wird. Sie sieht wunderschön aus in ihrem weißen Kleid und mit dem Blumenkranz im Haar. Man zieht ihr gerade die weißen Strümpfchen an und ist überrascht, als ich plötzlich dastehe. Man hat mich zum Mittagsschlaf ins Bett gebracht und mir nichts davon gesagt, damit ich nicht traurig darüber bin, daß ich nicht auch Blumen streuen darf. Meine Schwester ist immer zart und zierlich gewesen mit schönen Locken; ich war das »Dickerle«. Sie spielte später zu Weihnachten den Engel, ich den Weihnachtsmann. Nicht umsonst ist dies das erste Bild, das aus meiner Kindheit in mir auftaucht. Es trifft genau mein Grundgefühl, alleingelassen zu werden, ausgetrickst, zurückgesetzt. Der Trainer in einer Selbsterfahrungsgruppe hat einmal zu mir gesagt: »Du läufst ja ständig mit einer offenen Wunde herum.« Ich fand das leider sehr treffend.

Natürlich ist es schwer für einen Ehemann, dagegen anzukommen. Handlungen und Worte von ihm, die mein Grundgefühl unterstreichen, wiegen besonders schwer und verletzen mich tief. Soll er immer darauf Rücksicht nehmen?

Als ich vierzehn Jahre alt war, hatte ich ein Erlebnis, das mich wochenlang umtrieb. Mein Schmerz stand in keinem Verhältnis zu den Fakten. Bei der Umgruppierung eines Chores, in dem ich damals mitsang, war ich von der Gruppe 1 in die Gruppe 2 gesteckt worden. In Gruppe 1 waren die mit der besseren Stimme. Meine Stimme war nicht schlechter geworden, das wußte ich. Was also war der Grund? Mein Fazit: Die mögen mich also nicht! Die Angelegenheit hätte mich niemals so stark getroffen und verunsichert, wenn mein Grundgefühl ein anderes gewesen wäre.

Als wir heirateten, war ich oft allein. Heute nehmen Pastoren ihre Frauen mit, wenn sie dienstlich reisen. Früher war das nicht üblich. Ich fühlte mich trotzdem vor den Mitarbeitern zurückgesetzt. Ich dachte: »Er will mich nicht dabeihaben, ich bin nicht gut genug, er geniert sich vielleicht mit mir ...« Natürlich sammelte ich alles, was in diese Vermutung hineinpaßte.

Das erste Kinderlied, an das ich mich spontan erinnert habe, als man mich danach fragte, ist: »Die Tiroler sind lustig, die Tiroler sind froh, sie verkaufen ihre Federn und schlafen auf Stroh.« Meine Bereitschaft, mit Wilhard durch dick und dünn zu gehen, und die Fähigkeit, mich von äußeren Dingen verhältnismäßig unabhängig zu fühlen, rührt sicher von dem Empfinden: Laß los, was uns am Weiterkommen hindert! (Und wenn wir auf Stroh schlafen müßten, Hauptsache: glücklich!) Das Wort des Paulus, daß er arm und reich sein kann, hat mich übrigens immer ganz besonders beeindruckt; auch das Stark- und Schwachsein bei ihm; ich höre meine Mutter noch wie heute zu mir sagen: »Zuckersüß oder rotzfrech!« Die Gegensätze sind bei mir von Natur aus stark ausgeprägt: lieben und hassen, himmelhoch jauchzend und zu Tode betrübt.

Wilhard leidet oft unter meinen Gefühlsschwankungen. Ich kann ihn in den Himmel heben und ihn in die Hölle stoßen. Leider fällt es mir bei Schwierigkeiten mit ihm am schwersten, mich zurückzuziehen und zu fragen: Was ist denn eigentlich los? Mit anderen Personen kann ich das viel besser. Da sage ich mir: Halt mal, auf welches Grundgefühl von dir trifft das nun wieder?

Mein liebstes Märchen ist »Jorinde und Joringel«. Die beiden lieben sich so sehr. Sie wird von einer bösen Hexe in einen schönen Vogel verwandelt und in einen Käfig eingesperrt.

Aber er erlöst sie schließlich, indem er ihren Käfig mit der roten Blume berührt.

Das Alleinseinwollen mit Wilhard – das Sich-Verirren im tiefen Wald der Leidenschaften – die Schwermut, die die Brautleute überkommt, als ihnen das Unheil droht, diese ganze Romantik – das Getrenntsein voneinander, die große Sehnsucht zueinander – der lange Weg, der zur Erlösung führt. Er geht Tag und Nacht und scheut keine Mühe, um die rote Blume der Liebe zu finden, mit der er nur ganz leicht den Käfig berührt und seine liebe Braut befreit. (Ziemlich schwer für einen Ehemann, so einem Ideal nachzukommen!)

Das eindrücklichste Kinderphoto von mir ist ein Laufställchen in der Küche, in dem ich – ein Jahr alt – sitze. Verträumt und fast abwesend hebe ich meinen Kopf zur Decke.

Immer wieder der Käfig, irgendein Gefängnis, das ich durchbrechen will. Auch in von mir bevorzugten Romanen und Biographien wird das deutlich: »Kristin – Lavranstochter« (Roman von Sigrid Undset) ist eine starke Frau, der Liebe und Freiheit wichtiger sind als alles andere. Meine Eltern nannten mich nach ihr, weil diese Romanfigur ihnen so gut gefiel, und ich habe sicher versucht, ihren Wunschvorstellungen an dieser Stelle zu entsprechen.

Oder »Gretchen« in Goethes Faust. Das ist auch so eine Gestalt, die mir gefällt. (Liebe ist stark wie der Tod.) Auch da das Gefängnis. Es gab ein Buch über Mathilda Wrede, das ich im Alter von 16-18 Jahren las. Es hieß »Engel der Gefangenen«. Jahrelang war mein Berufswunsch, im Gefängnis zu arbeiten und dort die inneren Fesseln der Gefangenen zu lösen. Erlösen und Erlöstwerden auch in der Ehe – das ist mein innerster Wunsch.

Zwei Aussprüche meines Vaters haben sich tief in mir festgesetzt und mein späteres Verhalten mitbestimmt: »Unsere Tina (Kristin) ist doch ein Dunnerkiel!« (Prachtstück – sie macht's möglich.) Das sagte er immer voller Stolz, wenn mir etwas besonders gut gelungen war. Ich glaube, daß mich dieser Satz enorm angestachelt hat, etwas zu riskieren, mein eigenes Gefängnis immer wieder zu durchbrechen. Natürlich setzte mich das auch unter Leistungsdruck, denn ich wollte ihm gefallen und von ihm gelobt werden (von meinem Mann möchte ich übrigens auch immer gelobt werden – vielleicht tut er es deshalb so selten?), aber in erster Linie haben mich sein Zutrauen und seine Freude an mir gestärkt und Mut zu mir selbst geschenkt. Der andere Spruch von meinem Vater hieß: »Ziel erkannt ... Kraft gespannt!« Wenn er das sagte, hatte er ein so ermunterndes Zwinkern in den Augen, daß er mir damit auch seine Freude vermittelte, mit der er Aufgaben und Ziele anging.

Gute oder schlechte Botschaften? Wer kann das schon sagen. Es kommt darauf an, was wir aus ihnen machen ...

Die Rolle der Gefühle

In kaum einem anderen Bereich wirken Gefühle so belebend oder hemmend, so zerstörend oder aufbauend wie in der Partnerschaft. Nur in der frühsten Kindheit haben sie eine ähnliche Bedeutung. Nähe und Dauer einer Ehe schaffen die Möglichkeit, sich in den tiefsten Schichten des Empfindens und Fühlens nahezukommen. Neben der Notwendigkeit, sich selbst und den Partner kennenzulernen, ist die Chance, sich im Umgang mit Gefühlen zu üben, besonders groß, weil die Beziehung gerade auf der Gefühlsebene immer wieder strapaziert und in Frage gestellt wird.

Gefühle sind nicht stabil; man kann sich nicht auf sie verlassen. Sie sind wie Ebbe und Flut. Es ist mit ihnen wie mit unseren Stimmungen, die immer wieder Überraschungen mit sich bringen. Sie können aufflammen und wieder versinken. Sie können die ganze Person überschwemmen und zu Handlungen führen, die nüchtern betrachtet kaum noch verstehbar sind.

Am Anfang einer Beziehung sind die Gefühle meist von dem Wunsch nach Annäherung, nach Zusammenfinden und von gegenseitigem Wohlwollen bestimmt. Mit der Zeit treten dann auch die dunkleren Seiten zutage, die integriert werden müssen. Die Strukturierung und Gestaltung der Gefühle ist deshalb ein sehr wichtiger Schritt, das Zusammenleben in einer dauerhaften Verbindung zu stabilisieren. Oft verlangt bei dem einen Partner das Gefühl sehr stark nach Nähe, während beim anderen das Distanzbedürfnis ausgeprägt ist. Wessen Gefühl ist nun vorrangig? Die Lösung dieser Frage wird nur gelingen, wenn beide lernen, mit ihrem Gefühl umzugehen und sich nicht nur von ihm beherrschen zu lassen, sondern ihm seinen Platz in der Persönlichkeit zuzuweisen.

Es ist nicht unbedingt ein Zeichen von Echtheit, alle Gefühle sofort zu äußern und auszuleben; es kann im Gegenteil eine unkontrollierte und undisziplinierte Art sein, die eher Unreife zeigt als eine reife Persönlichkeit. Echtheit ist ein Ausdruck der ganzen Person, in der Wille, Gefühl und Vernunft miteinander in Einklang stehen. Es gilt, nicht nur spontan und stimmungsorientiert zu leben, sondern ebenso Zurückhaltung zu lernen und sich selbst zu ordnen, um so für den Partner zuverlässiger zu werden. Bevor ich allerdings lernen kann, mit einem anderen Menschen vernünftig umzugehen und mich auf ihn einzustellen, muß ich mich selbst in der Hand haben. Wenn ich nicht ein Opfer meiner eigenen Gefühle sein will, muß ich Souveränität mir selbst gegenüber erreichen.

Die Ehe ist auch der Ort, wo wir uns am stärksten verletzen können. Diese Verletzungen wirken unwahrscheinlich tief und nachhaltig. Gefühle können so gekränkt werden, daß sie wie eine Wunde bluten. Sie können auch ins Gegenteil umschlagen; aus Zuneigung entsteht dann Abweisung, aus Freude über den anderen Angst und Traurigkeit. Vertrauen kann umschlagen in Mißtrauen und Eifersucht, Zärtlichkeit in Wut und Grobheit, Lust in Ekel, Liebe in Gleichgültigkeit. Solche Gefühlsumschläge haben eine verheerende Wirkung und machen das Zusammenleben zur Qual, zu einem ständigen Zermürbungskrieg.

Natürlich können durch die Ehe Gefühle auch im positiven Sinne wachsen. Sie können stabil und stark werden und damit ihre Anfälligkeit für Störungen verlieren. Im Zusammenhang mit dem Lernprozeß in der Ehe wollen wir uns hier allerdings mehr mit den irritierenden, belastenden Gefühlen befassen.

So schlimm es ist, wenn positive Gefühle füreinander in trennende und verletzende umschlagen, in einer partnerschaftlichen Beziehung ist es noch schlimmer, wenn Gefühle sterben. Die Ehe kann in eine derartige Krise geraten, daß alle Gefühle füreinander verschwinden. Sogar die körperliche Anziehung schlägt dann um in Abneigung und schließlich in Gleichgültigkeit. Gleichgültigkeit ist noch schlimmer als Abneigung, denn während aggressive Gefühle noch binden und zueinanderführen, ist bei Gleichgültigkeit alle Bindekraft verlorengegangen. In vielen Ehegesprächen tritt diese Gefühlskälte deutlich zutage. Die Partner sind unfähig geworden, noch irgend etwas füreinander zu empfinden oder überhaupt am anderen Anteil zu nehmen. Sie haben nur noch das eine Bedürfnis: ihre Beziehung möglichst schnell zu beenden.

Gestorbene Gefühle sind wie Leichengift mit einer gefährlichen, tödlichen Wirkung. Die Frage taucht dann auf, ob das, was gestorben ist, noch einmal erweckt werden kann, oder ob hier tatsächlich nur noch das Ende der Beziehung zu konstatieren ist. Die Trennung wäre dann ein abschließender Akt der Barmherzigkeit.

Ein solcher Gefühlstod wird sicherlich nicht verursacht durch ein einzelnes Versagen, sondern durch eine vielleicht über Jahre hin andauernde Kränkung. Wenn Partner wie erstarrt nebeneinanderher leben, ohne eine sichtbare Gefühlsregung, ohne überhaupt noch aufeinander einzugehen oder miteinander zu sprechen, wirken sie auf ihre Umgebung – und am schlimmsten auf ihre Kinder – wie eine Eishöhle, in der alles Leben gefriert und stirbt. Gefühlskälte ist schlimmer als Haß und Ärger und Streit. Menschen, die so weiterleben, sind wie Tote ohne Begräbnis.

Die Kunst der Vergebung

Können erstarrte Gefühle noch einmal zum Leben erweckt werden? Und auf welchem Wege könnte das geschehen? Guter Wille und guter Rat allein reichen hier nicht mehr aus. Es geht an dieser Stelle um die »Kunst der Vergebung«. Der Ausdruck ist mit Absicht so gewählt, weil die Vergebung, die hier angesprochen werden soll, nicht auf übliche Weise gelingt. Sie ist nicht allein vom Willen her zu schaffen, sondern nur mit dem Engagement der ganzen Person.

Es gibt zwei Arten der Vergebung, die in ihrer Auswirkung sehr unterschiedlich sind. Die erste bewirkt die Wiederherstellung des alten Zustandes. Sie kittet das Zerbrochene und macht es wieder brauchbar, obwohl die durch den Bruch entstandene Verletzung spürbar bleibt. Das gekittete Gefäß hat nicht mehr die ursprüngliche Qualität und Schönheit. Solche geflickten Beziehungen sind uns sicher bekannt. Der Vorgang ist hier so, wie wir ihn von der religiösen und kirchlichen Tradition her kennen: Die Verfehlung muß erkannt und bekannt werden, man hat Einsicht und ist bereit, das Versagen zuzugeben. Die Verfehlung wird mit der Bitte um Vergebung und mit der Gewährung der Vergebung zugedeckt. Das Versagen bleibt aber wie eine empfindliche Narbe spürbar, man darf möglichst nicht darangeraten. Das Zusammenleben funktioniert wieder, wenn es auch nicht mehr den ursprünglichen Glanz hat. Es ist nicht zur Verarbeitung des Schadens gekommen, sondern nur zu einem Zudecken. Für den Bestand einer auf solche Weise wiederhergestellten Beziehung gilt die Abmachung, nicht mehr über das Vergangene zu sprechen, zumindest nicht vorwurfsvoll. Allerdings ist die Wahrscheinlichkeit, daß dies doch geschieht, ziemlich groß.

Die zweite Art der Vergebung hat eine andere Zielrichtung. Es geht hier nicht um die Wiederherstellung einer alten, sondern um den Aufbau einer neuen, so noch nicht dagewesenen Beziehung zwischen den Partnern. Auch hier sind das Versagen, die Verletzung und das schlechte Gewissen Ursache einer Störung, die zunächst bewußt gemacht und zugegeben werden muß. Die Schuldfrage ist dabei aber nicht wichtig. Sie ist in einer Ehe eigentlich nie lösbar. Es gibt kaum Störungen, die nur von einem Partner ausgehen. Fast immer sind beide daran beteiligt. Auch bei einer sogenannten »offensichtlichen Schuld«, wie zum Beispiel einem Ehebruch, ist zwar offiziell der Schuldige bekannt, aber es gibt ein ehebrecherisches Verhalten, ein inneres Verlassen des anderen, das sich in Form von Gleichgültigkeit und Rechthaberei, von Kritiksucht und Demütigungen des anderen äußert und damit häufig den Anlaß zum äußerlich vollzogenen Ehebruch bildet. Um auf Dauer wirksam vergeben zu können, ist es wichtig, die Ursachen zu verstehen, die auslösenden Gefühle zu erkennen und zu spüren, wo die Defizite, die Ängste und Verletzungen liegen, die zum Versagen geführt haben. Die Beziehung muß neu geordnet und nicht einfach nur wiederhergestellt werden. Jeder kann bei sich überprüfen, welchen Teil er dabei einbringen möchte und was er bei sich ändern will, statt auf Änderung des anderen zu bestehen. Ein gefordertes, besseres Verhalten bringt keine Erlösung, sondern programmiert bereits den neuen Bruch.

Der entscheidende Unterschied in der neuen Art, zu vergeben, besteht darin, die Verletzungen, die störenden Ereignisse und Mängel, die zum Bruch oder zum Kältetod der Gefühle geführt haben, in einem neuen Licht zu sehen. Diese Vergebung gelingt erst, wenn alles, was geschehen ist, als Herausforderung betrachtet werden kann, ein neues Verhalten einzuüben. Nur wenn es zu einer vertieften Selbsteinsicht gekommen ist und zu einer inneren Überzeugung, daß das Vergangene notwendig war, um die Schwäche und Brüchigkeit des Bisherigen deutlich zu machen, nur wenn die Einsicht wächst, daß durch all das Geschehene eine bessere Basis gefunden werden kann, ist die Vergebung wirklich gelungen.

Äußeres Zeichen für eine solche Vergebung ist die Fähigkeit, über die zerstörenden Ereignisse mit einer gewissen Dankbarkeit zu sprechen, weil sie zu einer vertieften und neuen Beziehung geführt haben und beide Partner – wenn auch durch Schmerz und Leid hindurch – reifer und reicher geworden sind. Nach einer solchen Erfahrung der Vergebung ist auch mit einer »Auferstehung der Gefühle« zu rechnen. Wenn diese wie eine zarte grüne Saat aus kalter Erde zu sprießen beginnen, dann ist der Prozeß gelungen. Bestimmt sind die neuen Gefühle nicht mehr so ungetrübt wie in der Zeit der Unkenntnis übereinander, aber sie werden stabiler und damit für den weiteren Bestand der Ehe wertvoller sein als bei der ungebrochenen Zuneigung des Anfangs.

Bei der ersten oder alten Art der Vergebung ist immer einer der Unterlegene, der nämlich, der sich am meisten hat zuschulden kommen lassen. Der andere kann seinen heimlichen Triumph über ihn feiern. Die wiederhergestellte, geflickte Ehe ist in diesem Fall ein permanenter Demütigungsprozeß für den, der schuldig war. In der Vergebung, die ich mit »Kunst der Vergebung« bezeichne, gibt es keinen guten und schlechten Partner, keinen Gewinner und Verlierer, sondern nur zwei Menschen, die aneinander und miteinander gelitten haben und die heil werden, indem sie neue Dimensionen in ihrer Ehe erleben.

Diese neue Vergebung ist für mich eine unglaublich schöne Sache. Sie geht wirklich über die Erfahrung der Vergebung im alten Stil hinaus. Bei aller Erleichterung und Dankbarkeit blieb da doch immer dieses »daß mir das passieren mußte« zurück. Es wurde zwar wieder gut, aber besser wär's eben gewesen, es wäre nicht passiert. Mir war vergeben, aber der Makel blieb. Zwar waren die Auswirkungen der Fehler manchmal recht positiv. Mein Hang zum Moralisieren verging mir zum Beispiel gründlich dabei. Ich hätte wohl ohne die Erfahrung meiner Schuld nie so viel Verständnis für andere Menschen aufbringen können. Also die Einsicht, daß Gott auf krummen Linien gerade schreibt, hatte ich schon länger. Was ist denn nun das Neue?

Das Grundgefühl ist total anders. »Gutsein« und »Schlechtsein« sind für mich zu fragwürdigen Begriffen geworden. Ich möchte nicht länger beurteilen, ob das, was Wilhard tut, richtig oder falsch ist. Ich möchte sein Verhalten akzeptieren in seiner ganzen, mir manchmal schwer einfühlbaren Lebensart. Ich möchte es nicht mehr besser wissen als er selbst.

Ich erlebe seine Vergebung nicht nur wie ein Trostpflaster für Schmerzen, die ich ihm angetan habe, sondern wie einen Vorschuß an Vertrauen, wie eine Vorwegnahme seiner Vergebung für alle Fehler, die ich auch in Zukunft machen werde. Ich fühle dabei eine wunderbare Befreiung, und aus der neuen Freiheit wächst eine neue Liebe.

Wir möchten nicht nur »vergeben und vergessen«, sondern das Geschehene überprüfen und daraus jeweils ein neues Konzept entwickeln. Ich möchte meine fragwürdigen Trümpfe aus der Hand geben und auch die Angst, daß Wilhard mir mit seinem Verhalten schaden könnte.

Vom Umgang mit Gefühlen

Für den Umgang mit Gefühlen in der Partnerschaft möchte ich ein paar Hilfen geben, die zur Klärung wertvoll sein können.:

– *Sich distanzieren.* Jede Ehe braucht immer wieder einmal Zeiten der inneren und äußeren Distanz. Nur aus der Distanz heraus sind wir in der Lage, unsere Beziehung deutlicher zu sehen und zu verstehen. Das betrifft aber auch das Abstandnehmen von sich selbst, um die eigenen Empfindungen, Gefühle und Störungen besser zu durchblicken. Viele sind ständig in Auseinandersetzungen verwickelt und haben zu diesem Abstand keine Zeit und keinen Raum. Das wirkt sich auf Dauer nachteilig aus.

– *Sich selbst verstehen.* Bevor ich in der Lage bin, meinen Partner zu verstehen, besonders in kritischen Phasen der Auseinandersetzung, muß ich mich selbst verstehen. Ich muß meine verworrenen Gefühle anschauen, meine Motive und Wünsche erkennen und mir meine unbewußten Zielvorstellungen bewußt machen. Mich selbst zu verstehen ist die Voraussetzung dafür, dann auch zu mir selbst stehen zu können.

– *Den anderen neu sehen.* Erst von einem festen eigenen Standort aus bin ich in der Lage, den anderen wieder richtig zu sehen. Wenn die Perspektiven verzerrt sind, können Gespräche auch nichts mehr klären, sondern nur noch mehr verwirren. Der Partner wird in mir zum Feind aufgebaut, den ich nur noch fürchten, aber nicht mehr verstehen kann. Den Partner neu sehen lernen heißt, die Verzerrungen als solche zu erkennen und die von den eigenen Vorstellungen gefärbte Brille von meinem Gesicht zu nehmen.

– *Die Andersartigkeit respektieren.* Daß wir unterschiedlich sind, ist ja längst bekannt, daß aber diese Andersartigkeit störend und quälend werden kann, gerät immer

wieder in Vergessenheit. Bin ich überhaupt bereit, meinen Partner grundsätzlich gelten zu lassen, wie er ist, oder versuche ich doch immer wieder, ihn so zu verändern, wie ich ihn am liebsten haben will? Der andere ist nicht dazu da, so zu sein oder zu werden, wie ich ihn am liebsten hätte, sondern er ist auf der Welt, um das zu werden, was er sein soll und sein will. Erst wenn ich mit meinem ganzen Willen ja dazu gesagt habe und ihn gelten und stehenlassen kann, bin ich auch in der Lage,
– *mich in ihn einzufühlen,* mir vorzustellen, was in ihm vor sich geht, was er wohl mir gegenüber empfinden mag, wie ich auf ihn wirke, was meine Wirkung bei ihm auslöst. Das sind Gedanken, die helfen können, das Empfinden füreinander zu schärfen und zu einem gegenseitigen Einfühlen zu kommen. Ich kann
– *den anderen verstehen,* wenn ich ihn vor mir selbst und auch mir gegenüber verteidigen kann, wenn ich Argumente für ihn sammle und nicht mehr gegen ihn, wenn ich sein Verteidiger bin und nicht sein Ankläger. Verstehen heißt, auf dem Standort des anderen zu stehen und von ihm her zu sehen. Mit den Augen des Partners bekomme ich auch für mich selbst wieder eine neue Sicht und vielleicht auch eine vertiefte Selbsterkenntnis.

Manchmal muß ich dann lernen, mich selbst wieder leiden zu mögen, wenn ich mich vielleicht zunächst auch noch nicht lieben kann. Es ist eine Hilfe, sich selbst wieder lieben zu lernen, denn nur wer sich selbst lieben kann, ist auch fähig, einen anderen Menschen zu lieben.

– *Sich selbst leiden zu können* ist etwas anderes als an sich selbst zu leiden. Es ist ein Bejahen der Mängel und Schwächen und auch ein Sich-Eingestehen der vielleicht gutgemeinten, aber mißlungenen Absichten. Es ist ein umfassendes Sich-selbst-Annehmen.

– Für den Aufbau einer erneuerten Beziehung ist *das unterstellte Wohlwollen* eine wichtige Grundlage. Ich unterstelle meinem Partner, daß er mir wohlgesonnen ist. Diese positive Unterstellung wird im Moment vielleicht nicht einmal von den Tatsachen unterstützt, sie ist nicht beweisbar, aber ich will ihm glauben, daß er nicht gegen mich ist, auch wenn es manchmal so aussieht. Wohlwollen ist nicht dasselbe wie Wohlfühlen. Es kann sein, daß ich meinem Partner wohlwill, mich aber bei ihm noch nicht wohlfühle.

Oft hinkt mein Gefühl hinterher, dann fühle ich mich alles andere als wohl. Ich habe mit meinem Verstand zwar etwas eingesehen, aber das Gefühl hängt noch fest. Es klebt wie Pech am Altgewohnten, Sicheren, mir Liebgewordenen.

Einem anderen muß man vielleicht sagen: »Nimm dein Gefühl ernst!« Ich nehme es sehr ernst, denn ich glaube, daß es klüger ist als meine Logik – oft paradox, nicht einsichtig und nicht beweisbar, aber für mich doch zuverlässig. Ich vertraue ihm. Für mich ist Gefühl nicht nur Emotion, sondern eher wie ein »Bewußtsein im Unbewußtsein«.

Wilhard hat sein eigenes, ganz anderes Gefühl. Das behindert mich manchmal ganz schön und macht mich sogar wütend. Mein Verständnis von ehelichem Zusammenleben war für mich gefühlsmäßig in einer bestimmten Richtung besetzt, die meiner Nähestruktur entspricht. Immer wieder versuchte ich, diese Vorstellung durchzusetzen. Erst als ich sah, daß ich damit nicht durchkam, fand ich mich mit dieser Realität ab und stellte meinen Willen um. Ich bildete mir ein neues Bewußtsein und setzte mein Gefühl in Marsch auf das neue Ziel zu. Das Gefühl ist flexibel genug, sich neu zu ordnen.

Kampfstile und Kampfspiele in der Ehe

Die Ehe ist kein friedlicher Hafen, sondern manchmal eher eine Arena, in der Kampfspiele ausgetragen werden. Jedes Ehepaar hat seine besondere Art, miteinander zu streiten oder auch Streit zu vermeiden. Die verschiedenen Verhaltensmuster bewußt zu machen und die Kampfstile zu erkennen ist hilfreich, wenn man mit dem Kämpfen aufhören will.

Ich möchte ein paar Kampfspiele nennen, die von Ehepartnern angewandt werden, um dem anderen damit bewußt oder unbewußt wehzutun:

– *Den anderen auflaufen lassen* (ignorieren): weghören, ihn milde anlächeln: »Bist du bald fertig?« Hier wird eine Überlegenheit gespielt, die den Partner demütigt und ihm das Gefühl vermittelt, minderwertig zu sein.

– *Den andern als Kind, Schüler oder Patienten behandeln.* Häufig beginnen solche Auseinandersetzungen mit Bemerkungen wie: »Jetzt hör' mal gut zu ...« – »Das verstehst du nicht ...« – »Das kommt daher, weil ...« Damit macht sich der eine zum Elternteil, zum Lehrer oder zum Therapeuten für seinen Partner.

– *Den anderen mit gespieltem Edelmut, mit Nachsicht oder Mitleid behandeln* und ihm damit auch Demütigungen zufügen, gegen die er machtlos ist: »Ich weiß, du brauchst mich.« – »Ich nehme gern auf dich Rücksicht.« – »Ich kann dir das nicht zumuten.«

– *Schuldgefühle austeilen.* Das ist eine beliebte Methode, das eigene schlechte Gewissen auf den anderen zu übertragen. Das geht entweder mit Worten, durch

Mimik und Verhalten oder auch mit Krankheitssymptomen: »Ich habe meine Migräne, weil du …« – »Ich fühle mich elend, weil du …« – »Du bist schuld an meinem Infarkt (an meiner Nervosität oder Schlaflosigkeit).«

— *Den anderen bloßstellen, ihn lächerlich machen* oder verraten: Das kann sehr subtil stattfinden in Gesellschaft, bei Freunden und im Gespräch. Ich mache ironische Bemerkungen oder ich übe verständnisvolle Rücksichtnahme, indem ich vortäusche, Verständnis für meinen Partner wecken zu wollen: »Das dürft ihr ihm nicht so übelnehmen« oder: »Sie hat das zu Hause einfach nicht gelernt …«

— *Den anderen in Schach halten,* ihm drohen, ihn erpressen: »Wenn du das machst, weiß ich nicht, was passiert« oder: »Ich tu' mir noch etwas an.« – »Du wirst schon sehen, was dabei herauskommt und welche Folgen das hat.« – »Wundere dich nicht, wenn …«

— *Schon im voraus wissen, wie es der andere meint* – durch Unterstellungen und Vorwürfe: »Du willst mich ja nur …« oder: »Du denkst wieder, daß ich …« – »Ich merke doch, du willst gar nicht …« – »Es hat alles keinen Zweck, weil du ja doch nicht auf mich hörst« oder: »Du magst mich eben nicht mehr …«

— *Sich dumm stellen* – so tun, als ob man nicht verstehe: »Ich weiß gar nicht, was du hast. Wovon redest du eigentlich?« – »Ich kann mich an nichts erinnern …«

— *Den anderen zappeln lassen* durch Rückzug und Schweigen oder Verstimmtheit, ohne dabei zu sagen, warum man sich so verhält; dabei den Partner aber spüren lassen, daß er die Schuld trägt.

— *Die Gefühle des anderen überfahren:* »Ich weiß wirklich nicht, warum du dich so aufregst.« – »Wie kann man nur so verletzt sein…« oder: »Du hast gar keinen Grund, traurig zu sein.«

Es ist schon interessant, die eigenen Kampfstile zu

erkennen. Noch wichtiger ist es, sie dem anderen mitzuteilen, zuzugeben, daß man sich selbst in der Art, mit ihm umzugehen, entdeckt hat und nicht mehr so weitermachen möchte. Damit gibt man seine Waffen aus der Hand. Es hat keinen großen Wert, dem anderen seine Kampfweisen vorzuhalten, sondern hier kann man nur von sich sprechen und sich selbst ändern. Ich überlasse es meinem Partner, zu entscheiden, ob er so weiterkämpfen möchte.

Spiele funktionieren nur so lange, wie beide bereit sind, ihre Rolle miteinander zu spielen:

– »*Nimm Rücksicht* – ich hatte heute einen schweren Tag.« Dieses Spiel kann von beiden gespielt werden; vom Mann, der müde aus dem Geschäft kommt, oder von der Frau, die vom Haushalt oder von den Kindern völlig erschöpf ist. Als Spiel würde man es erst bezeichnen, wenn es sich ständig wiederholt. Die Absicht liegt darin, dem anderen zu verstehen zu geben, daß man selbst die Hauptlast trägt und der Partner deswegen Rücksicht zu nehmen hat.

– *Die verwunschene Prinzessin*: »Du weißt gar nicht, was du an mir hast.« – »Wenn nur der Richtige käme, der mich erlöst.« – »Du verdienst mich eigentlich nicht.« – »Ich tue zwar alles für dich, aber im Grunde bin ich für einen Wertvolleren geboren.«

– *Museum*: »Das ist doch genau wie damals ...« – »Du hast doch schon immer ...« oder: »Geradeso war das bei euch zu Hause ...« oder: »Das ist wieder mal so ganz typisch für dich ...« Solche Bemerkungen stammen aus dem Museum – aus der alten Geschichte – und können beliebig oft wiederholt werden, um damit eine aktuelle Situation zu verstärken oder dem anderen den Beweis zu liefern, daß er schon immer so unmöglich gewesen ist. So ein Museum ist wie ein gefährlicher Giftschrank, den man lieber abschließen sollte, um nicht die Vergangenheit als ständige Bedrohung zu erleben.

– *Rabattmarken sammeln*: »Das habe ich alles für dich getan – und du?« Das Spiel wird so durchgeführt, daß der eine seine eigenen guten Taten und Eigenschaften sammelt, um sie dem anderen bei passender Gelegenheit aufzutischen. Man vermittelt ihm dabei das Gefühl, daß er doch eigentlich recht undankbar ist. Oder man sammelt die Fehler des anderen so lange, bis der Berg so angewachsen ist, daß man sie ihm vorwerfen kann. Rabattmarken heißt das Spiel deshalb, weil ich mir durch meine guten Taten oder durch die Fehler meines Partners ein Recht ansammle, mir ein bestimmtes Verhalten zu leisten. Man kann mir keinen Vorwurf machen, sondern muß eigentlich dankbar sein, daß ich es mit dem anderen überhaupt aushalte.

– *Das perfekte Ehepaar*: »Bei uns ist doch alles okay, nicht wahr, Liebling?« Mit solchen Bemerkungen will ich dem anderen sagen, wie wunderbar unsere Ehe doch ist. Besonders wirkungsvoll ist das, wenn andere Leute zuvor über ihre Schwierigkeiten gesprochen haben. Auf die Dauer wirken solche Heucheleien allerdings zerstörerisch, da sie die Achtung voreinander untergraben. Miteinander heucheln macht uns nicht zu Vertrauten, sondern zu Partnern, die sich gegenseitig verachten.

– *Der Dauernörgler*: Den kann man gut spielen, indem man dem anderen alles, was er sagt und tut, gründlich vermiest: »Es hat ja ganz gut geklappt, aber der Kaffee war miserabel.« – »Du hast dir wirklich viel Mühe gegeben, aber...« Dieses Aber verrät die eigentliche Haltung des Nörglers. Er findet immer ein Haar in der Suppe und kann nicht genießen, ohne die Sache irgendwie madig zu machen. Kein Geschenk, keine Veranstaltung – nichts ist so gut, als daß man es nicht auch von der negativen Seite her betrachten könnte. Die Atmosphäre wird durch diese Nörgelei verdorben.

– Ein besonders wirkungsvolles, aber nicht ganz unkompliziertes Spiel ist das sogenannte »*Springen im*

Dreieck«. Es besteht aus drei Rollen: dem Verfolger, dem Retter und dem Opfer. Es genügen zwei Mitspieler – er und sie –, nur werden die Rollen laufend gewechselt. Ein einfaches Beispiel: Er kommt nach Hause, ist müde und setzt sich in den Sessel. Er beklagt sich über die stressige Situation im Beruf und fühlt sich als Opfer der Verhältnisse. Sie nähert sich ihm als verständnisvoller Retter. Sie tröstet ihn und versucht, ihn zu ermuntern. Aber da verwandelt er sich vom Opfer in einen Verfolger, indem er ihr Vorwürfe macht, sie sei eben zu anspruchsvoll, nur deshalb müsse er ja so viel arbeiten. Er müsse so viel verdienen, um ihre unangemessenen Wünsche zu befriedigen. Damit ist sie aus der Rolle des Retters in die Rolle des Opfers hineingeraten. Wenn sie einsichtig ist und ihre falschen Ansprüche zugibt, kann er wieder die Retterrolle übernehmen und ihr Zuneigung und Verständnis entgegenbringen. Durch seinen Trost gestärkt, kann sie nun wieder ihrerseits zum Verfolger werden und ihn angreifen und ihm Vorwürfe machen.

Dieses Springen im Dreieck kann beliebig lange fortgesetzt werden mit ständig wechselnden Rollen. Es gibt allerdings auch Ehen, in denen die Rollen fixiert sind – vor allem dann, wenn einer besonders gern Opfer ist und sich immer wieder zum Opfer macht. Dahinter steht jedoch das Bedürfnis, gerettet zu werden. Es kann sein, daß der Retter auf die Dauer die Lust verliert, dieses Spiel weiter mitzuspielen. Tatsächlich zeigt gerade dieses Springen im Dreieck einen besonderen Grad von Abhängigkeit. Das Opfer ist nicht nur abhängig vom Retter, sondern der Retter ist auch abhängig vom Opfer. Dasselbe gilt auch für den Verfolger, der das Opfer braucht, um seine Rolle spielen zu können. Umgekehrt wird er vom Opfer gebraucht.

Das Spiel bricht zusammen, wenn einer nicht mehr bereit ist, eine der Rollen zu übernehmen.

Kampfspiele und bestimmte Kampfstile sind eine gefährliche Form des Miteinander-Umgehens. Sie hindern das Wachstum und verderben die Atmosphäre der Partnerschaft, so daß sich auf Dauer keiner dabei wohl fühlt.

Ich spüre in solchen Fällen fast körperlich das Unechte meines Verhaltens, kann mich dann aber nicht davon lösen. Entweder merke ich, daß eine von mir beabsichtigte Wirkung erreicht worden ist, und möchte das noch ein bißchen genießen, oder ich bin schon so in Fahrt, daß ich nicht mehr zurückkann; ich bringe die Lokomotive nicht mehr zum Stehen. Manchmal übe ich auch meine heimliche Rache für Demütigungen, die ich einstecken mußte. Ich kann dann nicht so schnell auf mein Spielchen verzichten.

Aber ich freue mich, wenn es mir gelingt, das Spiel zu unterbrechen, nachdem ich es durchschaut habe. Dann entsteht ein starkes Gefühl von Freiheit in mir. Ich bin nicht Spielball meiner selbst geblieben. Ich bin zwar auf mich selbst hereingefallen, konnte mich aber von meinem Verhalten distanzieren.

Das Spiel »Nimm Rücksicht!« habe ich eine Zeitlang besonders gern gespielt. Es war schon länger in vollem Gang, als mir eines Tages der Gedanke kam, daß da etwas mit mir nicht stimmte. Den ganzen Vormittag hatte ich vergnügt mit den Kindern verbracht und zufrieden meine Hausarbeit verrichtet, aber sobald Wilhard mittags nach Hause kam, begann ich zu stöhnen und herumzuschimpfen. Mir wurde bewußt, daß ich meinem Mann zeigen wollte, was für ein schweres Stück Arbeit mir doch mit der Erziehung und Versorgung der Kinder aufgegeben ist. Seine Arbeit war immer so wichtig – was hatte ich dagegenzusetzen? Der Umgang mit den Kindern war doch fast ein Vergnügen gegen die Strapazen, die sein Beruf mit sich brachte! Ich wollte nicht, daß seine Arbeit immer Vorrang hatte. Eine Sache wird in den Augen der anderen wertvoller, wenn sie recht schwer ist und eigentlich keinen Spaß macht, darum fing ich an zu stöhnen. Ich wollte erreichen, daß meine Mühe mehr gewürdigt würde. Aber ich konnte das nicht aussprechen, weil mir mein Bedürfnis nicht bewußt war. Ich brauchte diesen Umweg, um darauf zu kommen. Wir redeten darüber und ich fühlte mich danach viel wohler in meiner Haut.

Ich könnte zu jedem der genannten Kampfspiele ein Beispiel von uns anführen. Wir sind wachsam geworden, seit wir sie kennen. Wenn wir uns gegenseitig dabei ertappen, heißt es: »Waffen abliefern!«

Kommunikation

Die häufigsten Störungen in Ehen beruhen auf Kommu-
nikationsschwierigkeiten. Das Gespräch gelingt nicht
mehr, die Mißverständnisse nehmen zu, und je länger
und je mehr der Versuch gemacht wird, miteinander zu
sprechen, desto größer wird die Verwirrung. Schließlich
sind alle Worte, die man gebraucht, belastet und besetzt
und damit unbrauchbar. Sie erwecken bei den Partnern
völlig unterschiedliche Gefühle. Langsam verfärbt sich
sogar die Erinnerung; das, was früher gut und schön war,
erscheint jetzt nur noch grau. Die ganze zurückliegende
Ehe wird dann als eine einzige Belastung empfunden.
All die schönen Tage, Wochen, Monate und Jahre sind
unwesentlich geworden, sie haben kein Gewicht mehr.
Vieles wird umgedeutet. Allem gemeinsam Erlebten
haftet nun etwas Unvollkommenes oder Häßliches an,
das man sich gegenseitig vorwirft.

In solch einer Phase ist es manchmal lebensrettend,
einen Freund zu haben, mit dem man zu dritt sprechen
kann, jemanden, der bereit ist, unvoreingenommen
zuzuhören und Dolmetscher zu sein. Aber nicht immer
ist so ein Freund da, und auch nicht in jedem Fall sind
Freunde geeignet. Auch kann nicht wegen jeder Auseinandersetzung, die ins Abseits gerät, eine Beratung oder
Therapie aufgesucht werden. Was für Möglichkeiten
gibt es dann überhaupt? Kann man Kommunikation
lernen oder trainieren?

Voraussetzung für ein Kommunikationstraining ist
die Bereitschaft, sich überhaupt noch verstehen zu wol-

len. Das ist nicht immer selbstverständlich. Manchmal besteht eine geradezu perverse Lust, den anderen zu verletzen und seine Aussagen zu mißdeuten, ihm negative Motive zu unterstellen und ihn zu kränken. Das gehört durchaus zum Alltag einer Ehe und sollte uns nicht so sehr entsetzen. Ist jedoch die Bereitschaft vorhanden, eine Verständigung zu erzielen, kann das folgende Kommunikationstraining eine sehr praktikable Hilfe sein.

Der kontrollierte Dialog

Zunächst ist es wichtig, sich einen Raum zum Gespräch zu schaffen. Das ist als erstes der Zeitraum. Wir verabreden nach Möglichkeit einen bestimmten Abend oder einen Tag. Manchmal genügt auch schon eine kürzere Zeit, in der wir uns ungestört unterhalten können.

Als nächstes spielt der äußere Rahmen eine Rolle. Oft ist ein Restaurant geeigneter als die eigene Wohnung, denn im anonymen Raum verlaufen Gespräche disziplinierter. Man kann nicht so laut werden wie zu Hause und wird weder durch das Telefon noch durch die Kinder oder unvorhergesehenen Besuch gestört.

Um den Clinch zu vermeiden, um sich nicht ständig ins Wort zu fallen und schon eine Antwort zu geben, bevor überhaupt eine Frage gestellt worden ist, kann eine Gesprächsmethode angewandt werden, die entzerrend und klärend wirkt. Das durch Heftigkeit und Intensität oft entstellte Gespräch wird in der folgenden Übung in eine langsamere, ruhigere Bahn gelenkt, in der das Hören genausoviel Raum hat wie das Sprechen.

Die Einstellung aufeinander muß auch äußerlich zum Ausdruck gebracht werden, wenn die Verständigung gelingen soll. Man setzt sich deshalb seinem Partner gegenüber, so daß man ihn anschauen kann.

Das Gespräch nimmt nun folgenden Verlauf:
A beginnt und sagt sein Anliegen möglichst kurz.
B wiederholt das Gesagte sinngemäß.

A bedankt sich, wenn B ihn richtig verstanden hat, indem er sagt: »Ja, danke« oder: »Ja, du hast mich richtig verstanden.« Fühlt A sich von B nicht richtig verstanden oder hat B die Worte falsch wiedergegeben, so daß eine Verfremdung des Gesagten entstanden ist, so muß A sein Anliegen noch einmal nennen – vielleicht noch kürzer und einfacher, damit B ihn diesmal richtig versteht. Gelingt die Verständigung, dann bedankt sich A bei ihm.

Nun erst ist B an der Reihe mit seiner Erwiderung. Auch er versucht, sich möglichst kurz und verständlich zu fassen, damit A keine Schwierigkeiten mit dem Wiederholen hat.

Der Vorgang spielt sich nun in umgekehrter Richtung ab: Nachdem A wiederholt hat und B sich verstanden fühlt, bestätigt B mit einem »danke, ja, du hast mich richtig verstanden«.

Gerade diese Bestätigung ist wichtig, weil sie die Atmosphäre des Gesprächs beeinflußt. Der Ton wird höflicher und angenehmer. Es wird deutlich, daß ein gegenseitiges Wohlwollen besteht und der Wunsch nach Verständigung. Man möchte dem Partner nicht wehtun, sondern ihn wirklich verstehen.

Anfangs ging mir dieser »kontrollierte Dialog« mächtig gegen den Strich. Ich empfand ihn mehr als Spielchen – wir waren doch schließlich erwachsene Menschen; leider aber nicht erwachsen genug, daß einer den anderen unvoreingenommen und ruhig hätte ausreden lassen. Wenn meine Gefühle zu stark verletzt sind, bin ich nicht mehr sachlich. Diese Gesprächsmethode ist für uns eine echte Hilfe. Klappt es nicht mit der Verständigung, dann sagt einer: »Stopp! Kontrollierter Dialog!« Wir setzen uns dann so hin, daß wir uns in die Augen sehen können, und stellen uns konzentriert auf die Übung ein.

Es gibt meiner Erfahrung nach keine bessere Methode, um zu zweit ein schwieriges Gespräch zu führen. Es ist angebracht, den kontrollierten Dialog erst einmal bei nicht so schwerwiegenden, grundsätzlichen Problemen auszuprobieren. Gelingt die Entflechtung irgendeines Alltagsproblems, so kann man meist auch größere Auseinandersetzungen lösen.

Eine vertiefte Form des kontrollierten Dialogs besteht darin, nicht nur Worte und Inhalt der Rede zu wiederholen, sondern dem Partner das, was an Gefühlen zu mir herüberkommt, mitzuteilen. Das ist natürlich wesentlich schwieriger.

Ein weiterer Vorteil des kontrollierten Dialogs liegt darin, daß man gezwungen ist, sich ganz auf das Hören einzustellen, um später das Gesagte genau wiederholen zu können. Das verhindert, sich schon die passende Antwort zurechtzulegen, während der andere noch redet. Außerdem haben die Gefühle so keine Möglichkeit, das Gespräch zu übersteuern, sondern bleiben unter Kontrolle. Damit stören und verhindern sie nicht mehr die Verständigung.

Technische Hilfsmittel sind nicht zu verachten bei der Kompliziertheit unserer menschlichen Beziehungen. So selbstverständlich, wie wir Telefon und Auto zum Kontakt untereinander gebrauchen, so sehr sollten wir alle Techniken nutzen, um die Kommunikation in der Ehe zu fördern.

Manchmal nehmen wir bei schwierigen Gesprächen einen Kassettenrecorder zu Hilfe, damit sich keiner auf Dinge beruft, die der andere gar nicht gesagt hat. Ist Ihnen das schon einmal passiert: Man behauptet steif und fest, der Partner hätte eine ganz bestimmte Formulierung gebraucht, aber der Test ergibt, daß dies überhaupt nicht stimmt. Mein Gedächtnis hat mir einen schönen Streich gespielt. Die eigene Gefühlsbesetzung schlägt in solchen Fällen voll durch und unterstellt dem Partner

94

Gedanken und Worte, die nichts mit ihm zu tun haben. Ich bin mit meinen Behauptungen seitdem etwas vorsichtiger.

Ich-Botschaften und Du-Botschafen

Wir »wissen« meist viel zu schnell, was unser Partner denkt. Im Laufe der Jahre haben wir unsere Erfahrungen gemacht und meinen nun, uns gründlich zu kennen. Wir drücken das dann nicht als unsere Vermutung aus, sondern als feststehende Tatsache: »Du willst immer – du denkst immer ...« Ich weiß sogar ganz genau, was der andere fühlt. Ich habe keine Fragen mehr, und damit ist das Gespräch eigentlich schon beendet, ehe es begonnen hat. Ich habe mir meine Meinung gebildet und bin im Grunde nicht mehr offen für neue Perspektiven. Ich halte es nicht mehr für möglich, daß sich mein Partner verändert hat. Ich nagele ihn an der Vergangenheit fest und sage: »Du bist so und so.«

Diese *Du-Botschaften sind tötend.* Sie werden meist als Vorwurf vorgebracht und lassen dem anderen keine Chance. Sie wirken wie ein Angriff und verweisen den Gegner in die Defensive. Selbst wenn ich recht hätte, würde er es unter diesen Umständen nicht zugeben können. Er kann sich nur noch verteidigen oder kapitulieren. Das Bedürfnis, sich mitzuteilen, vergeht ihm dabei gründlich.

Wenn mir an einer Verständigung gelegen ist, muß ich mit meinen Du-Botschaften aufhören und statt dessen von mir reden: »Ich fühle mich verletzt. Ich fühle mich nicht verstanden. Ich habe Angst vor dir. Mich schmerzt das. Mich freut das. Ich ärgere mich über dich. Ich bin wütend. Ich bin enttäuscht, erstaunt, erschüttert, fassungslos, traurig. Ich möchte jetzt am liebsten weinen.« Das sind Ich-Botschaften, die meinem Partner etwas von mir sagen. Er kann darauf eingehen oder nicht. Ich beanstande nicht sein Verhalten, sondern teile ihm mit, wie es auf mich wirkt. Ich bewerte ihn nicht und messe ihn nicht mit meinem Maß. Ich lasse ihm seinen Raum und seine Argumente. Wir können auch Metaphern gebrauchen, um dem Partner Einblick in unser Empfinden zu geben: »Ich fühle mich wie jemand, der im Regen steht und wartet.« – »Ich fühle mich wie jemand, der sich aufs Eis gewagt hat und nun Angst bekommt, daß es einbricht.« – »Ich empfinde mich wie der letzte Dreck« – nicht: »Du behandelst mich wie den letzten Dreck!« In diesem Fall würde mir der andere beweisen, daß das gar nicht stimmt; mit dieser Du-Botschaft leite ich ganz sicher seine Verteidigungsrede ein. *Die Ich-Botschaft dagegen drückt ein Gefühl von mir aus,* das nicht nur mit dem Verhalten meines Partners zu tun haben muß. Vielleicht erinnert mich die Situation an ein schmerzhaftes Erlebnis mit einem anderen Menschen.

Es ist schwer, in Ich-Botschaften zu sprechen. Nicht immer sind wir imstande, die Ursache für eine mißliche Lage bei uns selbst zu suchen. Meistens muß der andere herhalten: »Wenn du nur anders wärst, dann ...« Es geht aber nicht um Schuldzuweisung, sondern darum, uns in unserer Verschiedenartigkeit zu erkennen und zu lernen, besser miteinander umzugehen.

Sexualität in der Ehe

Für die Ehe gibt es keine Vorschriften und Maßstäbe im sexuellen Miteinander, die als Norm gelten könnten. Jedes Paar lernt, seine eigenen Formen zu entwickeln, in denen keiner den anderen verletzt, überfordert oder zu Handlungen nötigt, zu denen er innerlich nicht bereit ist. Sexualität soll Freude machen und ist kein Muß. Sie ist ein Geheimnis zwischen zwei Menschen. Je mehr die beiden in ihrer Persönlichkeitsentwicklung vorangekommen sind, desto größer ist die Wahrscheinlichkeit, daß sie sich gegenseitig helfen können, Formen zu finden, die beide bejahen und befriedigen und möglichst auch begeistern.

Auf kaum einem anderen Gebiet gibt es so viel Täuschung über das, was dem Partner gefällt oder nicht gefällt, wie hier. Deshalb muß auch immer wieder darüber geredet werden. Die Ansicht, daß man schon wisse, was dem anderen Freude macht, ist gefährlich, denn es gilt, die Eigenart jedes einzelnen und nicht nur die Eigenart »der Männer« oder »der Frauen« zu berücksichtigen. Jeder hat seine unauswechselbare Art, seine Sexualität zu erleben, darum sollten wir nicht müde werden, unseren Partner immer wieder in seiner Eigenart zu erforschen und auch immer wieder auf Veränderungen in ihm gefaßt zu sein.

Sexualität ist eine Fähigkeit der Kommunikation, die weiter und tiefer reicht als Worte. Diese Körpersprache muß gelernt werden. Sie muß langsam wachsen, ausdrucksvoller und umfassender werden, wenn sie nicht nur körperliche Befriedigung sein soll. Aber nur der wird seinen Partner mit seinem Körper beglücken können, der seinen eigenen Körper angenommen hat, der gelernt hat, ihn anzufassen und damit umzugehen.

Was für ein jahrhundertealtes Leiden lag über der Sexualität durch die Tabuisierung der Onanie/Selbstbefriedigung/Masturbation! Wie viele verzweifelte Kämpfe um die »Reinheit« sind hier gekämpft worden! Wie sollte dann auch ein Organ, das zur Qual und Anfechtung und »zur Verführung zur Sünde« gedient hat, auf einmal etwas Schönes und Wertvolles für den Partner sein können? Wie viele Kinder sind wie gebrandmarkt durch eine prüde Erziehung in die Erfahrung ihrer Sexualität gegangen! Viele, die beim »Doktorspielen« erwischt und bestraft wurden, haben damit ein Trauma, mit dem sie lebenslang nicht fertig werden können, weil sie nicht darüber sprechen. Wie viele unschuldige, kindliche Spielereien mit den gerade entdeckten Geschlechtsorganen wurden mit »Pfui« und Verachtung belegt und damit mit einem negativen Vorzeichen versehen!

Die sexuelle Liberalisierung in den letzten Jahrzehnten hat in dieser Hinsicht sicher Not beseitigt und unnötige Frustrationen aufgehoben; trotzdem wird jeder Therapeut und Eheberater bestätigen, daß es mit der Sexualität durchaus noch nicht so beglückend steht, wie man es im Zuge der erreichten Freiheit erwarten könnte. Das Pendel ist nach der anderen Seite hin ausgeschlagen: Das, was vorher verboten, belastet und unterdrückt war, ist jetzt durch Überbetonung ungesund geworden. Wir leben in einer Zeit, in der sich gerade auf sexuellem Gebiet vieles verändert. Es geht hier nicht um eine moralische Bewertung, ob diese Entwicklung gut oder böse ist, sondern es geht darum, wie man damit umgehen kann.

Eine gelungene und für beide befriedigende Erfahrung im sexuellen Miteinander ist eher eine Kunst als eine Selbstverständlichkeit. Nicht wenige haben die Vorstellung, daß Sexualität zwar nicht alles, aber doch das Wichtigste in der Ehe sei, daß alles keinen Sinn habe, wenn es im Bett nicht klappt. Sexualität muß gelingen! Wir wissen etwas über die biologischen und physiologischen Fähigkeiten des Menschen, und unbewußt meint jeder, daß er hier nach einem bestimmten Maß gemessen wird, nach seiner Leistung (wie oft, wie lang und wie viele Orgasmen) – und daß er versagt, wenn er den Möglichkeiten, die ihm als Mann oder als Frau gegeben sind, nicht entsprechen kann. Auch hier sollte jedes Paar souverän den eigenen Weg finden, ohne sich ständig von der Umwelt unter Druck setzen zu lassen.

Sexualität ist eben nicht nur ein biologischer Vorgang wie Atmung und Verdauung, sondern sie berührt unsere Existenz in einer viel tieferen und nachhaltigeren Weise. Sie hat über die unmittelbaren Vorgänge um Empfängnis, Schwangerschaft und Geburt hinaus mit Leben zu tun. Ejakulation, Koitus und Orgasmus sind nicht nur als Körperprozesse einzuordnen, sondern sie sind stark im emotionalen Bereich begründet. Sexualität ist eine Ausdrucksmöglichkeit des Inneren durch den Körper. Der Körper ist dabei nicht nur ausführendes Organ, sondern in allen seinen Fähigkeiten und Möglichkeiten herausgefordert. Er kann selbst zur Sprache werden.

Sexualität hat mit Zärtlichkeit zu tun. Zärtlichkeit ist ein Ausdruck des Körpers in seiner ganzen Vielgestalt. Wir können unsere Hände so sprechen lassen, daß der ganze Körper von den Fußzehen bis zu den Haaren diese Sprache versteht. Aber auch die Augen und die Sprache des Mundes, die Gestik beim Zuhören oder ein schweigendes Nebeneinanderhergehen kann uns zart berühren. Sexualität ist eine wunderbare Art der Kommunikation. Wir sind glücklicherweise nicht nur auf Worte angewiesen.

Auch das Spielen miteinander ist wieder neu zu lernen. Oft haben wir nicht mehr die natürliche, unbefangene Intuition in uns, unsere Zuneigung spielerisch in der Sexualität auszudrücken.

Oft haben wir uns spät nachts mit dem Blick auf die Uhr angesehen und gelacht: »Wir sind verrückt!« Wir hatten mit dem wenigen Schlaf Kraft genug für den nächsten Tag.

Für mich bedeutet Sexualität Glück oder Unglück, Aufnehmen von Lebensenergien oder Verkümmern in den eigenen Grenzen. Nur in der Geborgenheit einer dauernden, festen Beziehung wie der Ehe kann ich meine Sexualität voll entfalten, denn nirgends bin ich so empfindlich und schutzbedürftig, gleichzeitig aber auch mutig in der Hingabe. Ich lasse mich ganz los. Mein Vertrauen ist grenzenlos und weit. Ich lasse mich besitzen und nehme dabei in Besitz. Ich gebe die Kontrolle über mich auf und ahne etwas vom Geheimnis des Lebens. Erde und Himmel rücken dicht zusammen und fließen ineinander über. Die Schöpfung offenbart sich mir in ihrer ganzen Tiefe und gibt mir von ihren Kräften.

Störungen treten auf, wenn wir uns vorher seelische Verletzungen zugefügt haben. Für mich wäre es meistens die beste Lösung, einfach im Miteinander-Schlafen die Liebe wiederherzustellen und dann eine Klärung im Gespräch zu suchen. Wilhard empfindet das allerdings als Harmonisieren und möchte lieber vorher über die Schwierigkeiten reden und sie klären.

Ich habe die Sexualität von Beginn unserer Ehe an als sehr beglückend und unproblematisch erlebt. Ich ahnte nicht, wie stark Wilhard verunsichert war durch eine sexuelle Beziehung, die ich vor unserer Ehe hatte. In langen Nächten haben wir darüber gesprochen, doch erst als unser erstes Kind geboren wurde, verschwand dieser Schatten.

Jahre darauf deutete Wilhard mir an, daß er sich in der Frage der Geburtenregelung eigentlich mehr Mitverantwortung gewünscht hätte. Ich war gegen die Pille und verließ mich immer voll auf ihn. Wenn es nach mir gegangen wäre, hätten wir wahrscheinlich jedes zweite Jahr ein Kind gekriegt! Ich bin vielleicht überhaupt nicht genug auf ihn eingegangen, aber ich konnte immer nur das, was mir gerade innerlich möglich war. Ich empfinde meine Sexualität als Teil meiner Kreativität. Bücher über sexuelle Praktiken interessierten mich nicht sonderlich – ich hatte wohl die Befürchtung, daß sie meine spontanen Einfälle blockieren würden.

Die Veränderung, die jeder von uns in den letzten Jahren an sich erlebt hat, ist nicht in unseren Kleidern hängengeblieben. Unsere größere Unabhängigkeit voneinander macht sich auch in der Sexualität bemerkbar. Wir sind nicht mehr so stark aufeinander fixiert. Die Intensität im körperlichen Bereich hat nachgelassen, aber eine neue Zuneigung und Zärtlichkeit im Respekt vor der Persönlichkeit des anderen ist gewachsen. Wir waren so manches Mal müde und erschöpft von unseren Auseinandersetzungen. Sie gingen uns ganz schön ans Mark. Wir sind dabei, eine neue Art des Umgangs mit unserer Sexualität zu finden. Wir klagen nicht über unser verlorengegangenes Paradies, sondern suchen nach Formen, die uns heute entsprechen. Das ist keine Resignation aneinander, sondern ein neues Lernen miteinander. Unsere erwachsenen Kinder verfolgen mit Spannung und Vertrauen, wie wir an der Gestaltung unserer Ehe arbeiten. Neulich meinte eines: ».. aber bitte nicht nur arbeiten, sondern auch glücklich sein!« Das ist die Kunst.

Die Frage, ob man sich dieses Glück nicht außerhalb der Ehe etwas aufbessern könnte, hat sich wohl jedem von uns schon gestellt. Es ist schwer, sich vorzustellen, daß dies gut gehen kann. Zu viele Ehen scheitern an dieser Klippe. Die Angst kann ein Schutz sein, mehr noch allerdings ist sie ein Hindernis zur Entfaltung der Persönlichkeit. Will ich wirklich, daß mein Partner glücklich ist, dann will ich ihm auch nicht vorschreiben, auf welchem Weg er sein Glück zu finden hat. Hier erweist es sich, ob ich ihn tatsächlich liebe.

Durch Freundschaften von unterschiedlicher Art und Nähe ist ein Empfinden in mir gewachsen, was möglich ist und was nicht, was unsere Ehe zerstören würde und was ihr nicht schaden kann, sondern letzten Endes hilft. Ist meine Freiheit das Ergebnis eines Reifungsprozesses, oder ist sie ein »Ausflippen«? Ich werde gerade bei lange angestauten Gefühlen und Bedürfnissen sehr vorsichtig verfahren müssen. Tue ich etwas aus Protest, aus einer Verletzung, Wut oder Verzweiflung heraus, oder bin ich in der Lage, meine Ehe realistisch einzuschätzen? Ist unsere Entwicklung so verlaufen, daß das Band zwischen uns nicht reißt, und was für eine Qualität und Festigkeit hat dieses Band? Diese Fragen sind für mich ausschlaggebend.

Ungeheuer viel ist uns anvertraut. Ich habe das Glück, mit einem Mann verheiratet zu sein, der dieses weite, offene Feld der Ehe immer wieder neu mit mir zusammen betritt. Wir möchten nicht lamentieren über den katastrophalen Zustand der Ehen und auch nicht versuchen, möglichst viele zurückzupfeifen, sondern wir möchten selber die zukunftsweisenden Ansätze in unserem Leben entdecken und mutig weitergehen. Wie Bergsteiger werden wir uns dabei immer wieder das Seil zuwerfen. Wir werden mächtig ins Schwitzen geraten – lachen – weinen – kaum weiterkönnen – uns zwischendrin ausruhen – und bei allem frische Luft atmen!

»Wenn wir nur Glauben hätten wie ein Senfkorn« – im religiösen Bereich ist uns dieser Satz geläufig, aber wahrscheinlich empfinden es manche wie eine Blasphemie, diese Aufforderung Jesu auf alle Lebensbereiche zu übertragen. Gott hat ein großes Zutrauen zu uns und unseren Entscheidungen und hält seine Kräfte nicht zurück. Uns wird in jedem Fall nach unserem Glauben geschehen.

Der heilige Eros

Eros war bei den Griechen der Gott der Liebe und der Schöpferkraft. Und Erotik ist die Freude an der Liebe, am Ganzen, am Schönen, an der ganzen schönen Schöpfung. Ohne Erotik ist alles kahl, nackt, kalt, nüchtern und sachlich. Durch Erotik wird alles persönlich: meine Welt, meine Blumen, mein Baum, meine Bilder, meine Kinder. Alle Gegenstände, alle Lebewesen, alle Menschen treten durch Erotik in Beziehung zu mir.

Erotik ist die Zärtlichkeit Gottes, die er über alles Lebendige ausgegossen hat. Zärtlichkeit ist die Sprache der Erotik, eine Sprache ohne Vokabeln, die doch alle verstehen: Sie kann zart und verhalten sein, sie kann auch stark und fröhlich sein.

Sie ist in der Mutter, die ihr Kind durch ihre Wehen in die Welt hineinpreßt. Sie ist zwischen alten Menschen, die sich die Hand halten und schweigen. Sie ist in der Leidenschaft des Forschers und in der Entdeckerfreude des Kindes, das sein Spielzeug auseinandernimmt. Sie ist im Tanz, denn sie ist Bewegung. Sie ist voller Phantasie.

Erotik läßt sich nicht in eine Beziehung einsperren – nicht einmal in die Ehe. Wo man sie einsperrt, wo man sie abgrenzt, wird sie krank und muß sterben. Wer sich auf Erotik einläßt, beginnt, alles zu lieben – unterschiedlich und sehr individuell, aber ohne Grenze. Erotik meint alles: Leib, Seele und Geist. Die göttliche Agape, von der das Neue Testament spricht, steht nicht im Gegensatz zur Erotik, aber Agape verhält sich zu Erotik wie Arbeit zum Fest, wie ein Gebrauchsgegenstand zum Schmuck, wie das Lebensnotwendige zum Überfluß.

Das ist ein Hohes Lied der Erotik. Vor ein paar Jahren hättest Du es noch nicht singen können, mein Mann.
Zu eng waren deine Grenzen,
zu reflektiert dein Handeln,
zu eingebunden dein Leben in allzuviel Pflicht.
Zu kontrolliert war deine Sprache,
zu gehalten waren deine Augen, deine Arme, dein Mund.

Ich bin freier geworden durch deine Freiheit.
Du bist freier geworden durch meine Freiheit.
Wir wagen Träume, ohne uns zu verfehlen.

Aus dem Nebel unserer Enttäuschungen aneinander
stehen wir neu auf und ahnen etwas von dem Ganzen,
von dem wir beide ein Teil sind.

Heute bekam ich einen Brief von Dir: 16.1.85

»... Ich merke, wie sehr die Atmosphäre zwischen uns mein Wohlsein bestimmt. Vielleicht gelingt es, daß wir uns gegenseitig das Fliegen erleichtern und daß wir die Angst verlieren, unser gemeinsames Nest zu verpassen. Aber auch gemeinsame Flüge wünsche ich mir, wie Du sie Dir auch wünschst. Ich will nicht weniger von Dir und ich möchte von mir nicht weniger geben und ich glaube, wir haben beide noch füreinander Reserven und Begabungen. Ich glaube und vertraue, daß uns das Gemeinsame gelingt ...

In Liebe
Dein Wilhard

Zu sich selbst kommen

Viele Ausdrücke, die mit »Selbst« beginnen, sind in den letzten Jahren in Verruf geraten. Wer von Selbstverwirklichung, Selbstbesinnung oder Selbstfindung spricht, macht sich verdächtig, egoistisch zu sein oder eine ständige Nabelschau zu betreiben. Diese Skepsis ist sicher nicht ganz unbegründet, doch leider wird mit der Abwehr oft das Kind mit dem Bade ausgeschüttet.

Es gibt nämlich auch andere Wortverbindungen wie Selbsteinsicht, Selbsterkenntnis oder Selbstannahme, die einen anderen Klang haben. Das Selbst ist für Veränderungen in meinem Verhalten und in meinen Einstellungen von größter Bedeutung.

Mein Selbst ist mehr als mein Ich, mehr als mein Denken, Wollen und Wünschen. Es umfaßt alles, was zu meiner Person gehört. Es beinhaltet alle Bereiche meiner Anlagen, der gelebten und der unentwickelten, der Prägungen, die meinen Charakter bildeten und meine mir noch verborgenen Schattenseiten. Zu meinem Selbst gehören meine Träume und meine Ernüchterungen, meine Verhältnisse und meine Pläne, mein Erfolg und mein Versagen, meine Freunde und meine Feinde. Zu meinem Selbst gehört auch die Wirkung, die ich auf andere habe, denn sie ist ein Teil meiner Person mit ihren Verhaltensweisen und Reaktionsmustern, mit ihrem Körper und ihrem Aussehen. Mein Selbst ist alles, was mein Leben ist, war und einmal sein wird.

Bei solch einer Fülle an Lebens- und Verantwortungsbereichen erscheint es mir manchmal schier unmöglich, für alles verantwortlich sein zu können. Erst nach und nach lerne ich, diese Aufgabe nicht nur als Zumutung zu betrachten, sondern als Zutrauen Gottes an mich. Ob ich dabei immer alles richtig mache, oder ob ich Umwege gehen muß, ist dann nicht mehr so beängstigend. Gott ist an mir und meinem Leben interessiert und immer wieder bereit, mir eine neue Chance zu geben.

Wenn ich zu mir selbst gekommen bin, kann ich auch meinem Partner neu begegnen. Ich lerne aus den Fehlern und gehe lernend weiter. Ich bin für ihn erkennbarer, wenn ich zu mir selbst stehe. Mein Verhalten ist nicht nur eine Reaktion auf sein Verhalten, sondern meine Entscheidung. In dem Maß, wie ich mich finde, verschwinden dann auch meine Empfindlichkeit, meine Vorwürfe und meine offenen und versteckten Erpressungsversuche. Wenn ich zu mir stehe, kann auch meine Frau besser zu sich stehen.

Selbstfindung führt zur Selbständigkeit, zur Souveränität. Gott will uns zur Originalität und zu innerem Reichtum befreien. Je wertvoller ich mir selbst bin, desto wertvoller wird auch das Geschenk, das ich meinem Partner mit mir mache. Halte ich nicht viel von mir, wird auch ein anderer nicht viel von mir haben. Ein gutes Selbstwertbewußtsein und Wertgefühl sind eine gute Mitgift für eine dauerhafte Partnerschaft.

Mich selbst und mein Leben wertachten, das macht mich unabhängiger von Anerkennung, Lob und Tadel und erspart viele Selbstrechtfertigungen. Ich kann leichter meine Fehler und Irrtümer zugeben und muß keinen Sündenbock für mein Versagen suchen. Wer im guten Sinne seiner selbst bewußt ist, kann damit auch seinem Ehepartner helfen, den eigenen Lebensraum aufzubauen. Er kann ihn freigeben, das zu werden, was er eigentlich werden soll und werden will.

Das mag sich alles etwas großartig anhören und

vielleicht sogar die Frage aufwerfen, wozu ich dann meinen Partner eigentlich noch brauche. Warum dann überhaupt beieinanderbleiben, wenn jeder für sich so selbständig geworden ist?

Ob wir beieinander bleiben oder nicht, sollte nicht davon abhängig sein, wieweit wir uns gegenseitig brauchen. Wir wollen beieinander bleiben, weil wir uns wollen. Ich will dich nicht haben, sondern lieben. Ich will dich nicht meinetwegen, weil ich ohne dich nicht leben könnte. Ich will dich lieben und dir den Raum schenken, in dem du gern leben möchtest. Ich kann dies nur in dem Maß, in dem ich in mir den Raum der Geborgenheit und den Frieden mit mir selbst gefunden habe. Und ich will auch von dir nicht mehr, als du mir in deiner Liebe und in deiner Freiheit geben willst.

Auf diesem Weg zur Freiheit in Liebe und zur Liebe in Freiheit habe ich nicht nur viele neue Erfahrungen mit Gott gemacht, sondern auch viele neue Freunde gefunden. Manche alten Freunde habe ich – oder sie haben mich – verloren, weil sie mich festhalten wollten, weil sie mich weiter so sehen wollten, wie sie mich von früher kannten und gern mochten. Sie konnten meinen Weg nicht mitgehen, oder sie haben ihren eigenen Weg gefunden. Wir grüßen uns, wenn wir uns begegnen, wie von weitem. Ich bin dabei, zu lernen, dem anderen die Würde zu lassen und zu geben, die er als unauswechselbare Person, als einmalige Schöpfung hat.

Eine entscheidende Hilfe zur Veränderung war für mich der Satz meines Analytikers: »Sie haben die Verhältnisse, die Sie haben wollen!« Ich hatte ihm gerade mein Leid geklagt, wie stressig meine ganze Situation doch sei, wie rücksichtslos meine Vorgesetzten und Mitarbeiter, wie verständnislos meine Frau. Dieser Satz traf mich wie ein Hammer. Es hat lange gedauert, bis ich ihn einsehen und für mich annehmen konnte. Er ist für mich zu einem Schlüssel der Veränderung geworden.

Veränderungen in meinem Verhalten und in meinen Einstellungen beginnen immer dort, wo ich aufhöre, mich mit den Fehlern der anderen zu beschäftigen. Zu mir selbst zu kommen heißt in diesem Zusammenhang, die Verantwortung für mein Leben, für meine Situation heute und für mein Verhalten voll zu übernehmen. Es kann sehr hilfreich sein, die Entwicklungsschwierigkeiten in meinem Leben zu erkennen, auch die Fehler, die an mir gemacht wurden, aber zur Änderung führt diese Einsicht noch nicht. Psychologische Einsichten – vor allem, wenn sie nur unvollständig verstanden werden – liefern ein Arsenal an Verhinderungs- und Ausweichstrategien. Ich kann mich fortwährend für mein Verhalten entschuldigen mit dem Versagen meiner Eltern und ihren Erziehungsmethoden und mit meiner ungünstigen Umwelt. Auch der Krieg und die Nachkriegszeit liefern gute Argumente dafür, daß ich so bin, wie ich bin. Meine Lehrer haben mich mehr gehemmt als gefördert, und meine Mitschüler haben mir schlechte Gewohnheiten beigebracht und mich vielleicht sogar verführt. Mit solchen Schuldzuweisungen vergeude ich die Chancen, mich heute und hier zu ändern.

Gibt es tatsächlich einen inneren Zusammenhang zwischen meinen äußeren Verhältnissen und meinem inneren Zustand? Solange ich immer noch Menschen suche, die ich im Notfall mitverantwortlich und mitschuldig machen kann, werde ich nie meine volle Kraft zur Umgestaltung meiner Verhältnisse einsetzen können. Erst wenn ich herausbekommen habe, wer ich eigentlich bin und was ich eigentlich möchte, wird mein Leben nicht mehr unbewußt in eine Richtung gesteuert, die ich gar nicht will.

Ich kann meine Verhältnisse ändern, wenn ich mich selbst verändere. Ich bin dann nicht mehr Opfer der Verhältnisse oder eines sinnlosen Schicksals. In jeder Situation und in jeder Beziehung kann ich prüfen, ob ich es so haben will, wie es ist, und mich entscheiden, die Lage anzunehmen, sie zu verändern oder mich zu verändern.

Für mich entsteht an dieser Stelle auch die Frage nach dem Sinn meines Lebens, nach dem Wert und nach dem, was ich eigentlich mit meinem Leben will. War bisher alles, was zu mir gehört, reiner Zufall oder göttliche Absicht? Kann ich mich als ein Geschöpf, als ein Geschenk und eine Möglichkeit Gottes in dieser Welt und für diese Welt sehen? Es geht dabei nicht in erster Linie darum, daß ich für andere brauchbar bin und daß ich »meinen Platz im Leben ausfülle«, sondern darum, daß ich zu mir selbst komme und das lebe, was ich bin.

Wenn es um Veränderungen in meinem Leben und in meiner Ehe geht, dann ist der beste Anfang der, mich selbst ernst zu nehmen.

Wilhard Becker / Ulrich Schaffer
Ganz anders könnte man leben
Perspektiven der Hoffnung
120 Seiten, kartoniert

Hier wird ein christliches Menschenbild entworfen, das, wird es verwirklicht, Christen zu Hoffnungsträgern der gefährdeten Menschheit machte. Die beiden Autoren sind in ihrer Bibel zu Hause. Sie kennen aus eigener Erfahrung die Glaubensvorstellungen, die das Licht der Botschaft Jesu verdunkeln, statt es zum Leuchten zu bringen. Ebenso entschlossen wie behutsam lösen sie seelische Knoten, die sich durch Mißverständnisse des Glaubens gebildet haben. Oft scheint es, als stellten sie bisherige Vorstellungen auf den Kopf, gerade so aber wird die befreiende Kraft der Botschaft Jesu wieder wirksam.

Ulrich Schaffer
Ich will zart sein mit dir
Verzaubern · Enttäuschen · Erwachen · Lieben
217 Seiten mit ca. 40 Schwarzweiß-Fotos, kartoniert

»Die Welt ist verzaubert« – »Ich bin so tief enttäuscht« – »Ich will lieben lernen« – »Wachsen aus dem Boden der Liebe« – das sind die vier Kapitel des Buches für jugendliche Leser, in dem Ulrich Schaffer Erlebtes und Erlittenes aus der schönen, beängstigenden Landschaft der Beziehungen beschreibt, vertieft und gestaltet. »Dies ist ein Buch zum Blättern«, sagt Schaffer. »Man kann, braucht es aber nicht von Anfang bis zu Ende durchzulesen. Ich habe versucht, die vier Phasen zu beschreiben und zu gestalten, durch kurze Gedankensplitter, längere Meditationen, Fragebogen und Antworten auf Briefe.«

Kreuz Verlag

Sigrid Seifert / Theodor Seifert
Ich – Du – Wir
Psychologie des Zusammenlebens
Stufen des Lebens, Band 5
198 Seiten, Kunststoff flexibel

»Die Autoren führen den Leser Schritt für Schritt in
die Psychologie des Zusammenlebens ein. Wegen der
umfassenden, allgemeinverständlichen und den Leser
unmittelbar ansprechenden Darstellung handelt es sich
bei diesem Buch um ein Stück Lebenshilfe im besten
Sinne des Wortes.« *Publik-Forum*

Tobias Brocher
Von der Schwierigkeit zu lieben
177 Seiten, Kunststoff flexibel

»Brocher schildert die einzelnen Entwicklungsstufen der
Liebe mit ihren Fallen, ihren Tücken und ihren Möglichkeiten. Es ist ein nützliches und hilfreiches Buch, das
man am besten schon lesen sollte, ehe die ersten
Schwierigkeiten auftreten.« *Deutsches Ärzteblatt*

Fritz Riemann
Die Fähigkeit zu lieben
Herausgegeben von S. Elhardt und D. Zagermann
186 Seiten, gebunden

»Hier handelt es sich – und darin liegt für uns der Wert
dieses Buches – um eine allgemeinverständliche Betrach-
tung der verschiedenen Entwicklungsebenen der Liebesfähigkeit und ihrer Folgen, die jeden von uns ganz
persönlich als Mutter, Vater, Partner, aber auch hinsicht-
lich der Rückbesinnung auf unsere eigene Lebensge-
schichte als Kind anzusprechen vermag.«
Aus dem Vorwort der Herausgeber

Kreuz Verlag